afgeschreven

D1356062

Mr. Optimist

Alain Berenboom

Mr. Optimist

Vertaald door Katrien Vandenberghe

De Bezige Bij Antwerpen

Inhoud

'Yes, my heart belongs to Daddy
So I simply couldn't be bad.
Yes, my heart belongs to Daddy
Da-da-da Da-da-da Da-daaad.'
Cole Porter

Bij mijn vaders dood is er geen autopsie geweest. Wat kon het overlijden van een brave gepensioneerde apotheker justitie interesseren? 'Hartaanval', verklaarde de arts. 'Zoals iedereen', ging hij zuchtend verder. 'Ik voel me ook niet best.'

Mijn moeder reageerde niet. Braaf op de oranje plastic stoel in de wachtkamer van de intensive care gezeten, keek ze vechtend tegen haar tranen hoe de rook van haar sigaret naar het plafond kringelde. Zelf was ik te aangeslagen om moeilijk te doen. Het kostte me vele jaren voordat ik doorkreeg dat het allemaal te gewoontjes was om zuiver te zijn. Je kunt niet genoeg op je hoede zijn voor dossiers die gesloten worden nog voor ze geopend zijn.

Een uur nadat mijn vader in het ziekenhuis was opgenomen, kwam de arts de reanimatiekamer uit. Hij trok de metalen deur behoedzaam achter zich dicht, alsof hij wilde beletten dat mijn vaders ziel meekwam. Hij liep op me af en stak een horloge naar me uit terwijl hij zorgelijk zijn hoofd schudde. Ik begreep snel wat hem verontrustte. Er zat een sterretje in het horlogeglas, en ik was advocaat. Tijdens zijn vergeefse reanimatiepogingen was het horloge stukgegaan. Medische schadeclaims kunnen hoog oplopen. Dat las ik in zijn ogen toen hij die van mijn vader had gesloten. Hij maakte zich nodeloos zorgen. Mijn moeder tekende geen protest aan (ik doel op het overlijden, niet het horloge). Ze heeft alleen maar gehuild en voortgeleefd. Of althans geprobeerd. In onze familie is het een traditie het verleden niet op te rakelen. We zullen straks zien waarom. Bovendien was ze nooit erg babbelziek geweest. Dus drong ik zelf ook niet aan, ik deed geen pogingen het fijne van de zaak te weten te komen.

Overigens, ondanks het sterretje in het glas werkt het horloge nog steeds.

De foto

Een nauwgezet onderzoeker zou een paar vreemde aanwijzingen hebben opgemerkt. De argwaan van mijn ouders tegen fototoestellen bijvoorbeeld. Er bestaat van hen geen enkel vakantie-, feest- of picknickplaatje. Zelfs geen groepsfoto's met vrienden. En op de kiekjes die ze van mij hebben gemaakt of laten maken, verschijn ik in mijn eentje in beeld, een wat verloren jongetje dat zijn armen uitstrekt naar iemand die buiten de lens wordt gehouden, of dat op het punt staat er in zijn autootje met halsbrekende snelheid vandoor te scheuren, ver weg van het ouderlijk huis, terwijl mijn leeftijdgenootjes vereeuwigd zijn in de armen van hun mama of trots aan de hand van hun papa. Vindt u dat normaal?

Mijn vader is schitterend geslaagd in zijn ambitie om anoniem te leven. Tot op de noodlottige dag in januari 1979 dat hij door Magere Hein werd verrast. Hoe hij ook van stad tot stad zwierf, allerlei voorzorgsmaatregelen nam, meermaals van identiteit en adres wisselde, opging in een metropool ver van zijn geboorteland, waar het merendeel van zijn familie in rook is opgegaan, uiteindelijk is hij bij zijn kraag gevat. Maar door wie? Wie is de gemaskerde wreker, de man, de vrouw – of het paar – door wie zijn vaart is gebroken, zijn leven vernietigd, de onschuld verraden, welke organisatie, dienst, natie heeft hem in gevaar gebracht?

Wist mijn vader het zelf? Zijn vele naamsveranderingen, zijn angst voor portretfoto's, zijn stilzwijgen over zijn verleden – met mijn moeders medeplichtigheid – doen vermoeden van wel.

Maar wie durft in onze tijd te denken dat hij zomaar kan worden vergeten?

Kleine toelichting: de gebeurtenissen en personages in dit boek zijn...

Wat ik van mijn ouders weet, is gauw samengevat. Ik ben hun enige kind (voor zover me bekend, maar ik weet er zo weinig van). In ieder geval hun lievelingszoon. Mijn vader was veertig toen ik werd geboren, en mijn moeder tweeëndertig. Tel daarbij nog zeven à acht mistige jaren voordat mijn eigen herinneringen zich beginnen af te tekenen.

Maar ik ben op mijn hoede. Mijn getuigenis is erg wankel. Ik heb een heel slecht geheugen. Trouwens, wat moet ik me herinneren? Al die jaren dat ik bij hen woonde, hebben mijn ouders hun verleden zorgvuldig voor me verzwegen, slechts een enkele keer lieten ze een flard van een onbegrijpelijk verhaal los. Wat weet ik van hen? Mijn vader werkte tot laat in de avond, altijd in zijn apotheek, zelfs op zondag. 's Zondags na de middag gingen we met zijn drieën wandelen in de drukke straten van het stadscentrum, tussen het Brouckèreplein en de Grote Markt. Als het regende, repten we ons de bioscoop of het museum in, en tegen het middageten hadden we er al een uur Bijbellectuur op zitten. Waar was er in dat strakke schema een gaatje geweest om hermetisch gesloten kasten open te trekken en familiegeheimen op te rakelen? Bij ons thuis hielden we niet van ontboezemingen, de vuile was buiten hangen, in familiekwesties wroeten.

De oorlogsjaren? Uitgewist, met bleekwater weggespoeld.

Wie stelt er belang in het leven van zijn ouders? Wie heeft de nieuwsgierigheid, de moed of gewoon de ingeving om hun mysteries te doorgronden, binnen te dringen in hun privésfeer? Voor een kind hebben ouders geen leeftijd, geen geschiedenis, geen verleden en vooral geen geheimen. Een adolescent is alleen bezig met zichzelf. En later, als je het nest uit bent, zie je hen alleen nog af en toe op zondag, en daarna op verjaardagsfeestjes, of met Nieuwjaar. En wat zijn onze ouders nog wanneer we eindelijk in de verleiding komen de doos van Pandora open te trekken? Stukjes van verhalen die ze in een onbewaakt moment hebben prijsgegeven en die ons wonder boven wonder zijn bijgebleven, waarom weten we niet. De naam van een oude vriend – of vijand die ze nooit hebben vergeven, familierancunes met duistere oorsprong.

Soms vertelden mijn ouders lachend een voorval waarvan ik de context niet kende, waarvan ik nooit zal weten hoe het begon en hoe het eindigde, zonder dat me werd uitgelegd wat er juist zo grappig aan was. Op avonden dat er 'bezoek' kwam, stopte mijn moeder me vroeg onder. Zodra hun vrienden aanbelden, glipte ik mijn bed uit om hun geheimen te onderscheppen. In de donkere gang waar ik hen bespiedde, hoorde ik alleen dingen die me vreselijk teleurstelden. Gesprekken om te huilen zo banaal. Het ging over vakantie ('Waar kunnen we ons nog gaan ontspannen zonder Duitsers tegen het lijf te lopen?'), over de politieke situatie in Oost-Europa ('Kijk wat er is geworden van onze communistische vrienden die na de oorlog naar Polen zijn teruggekeerd, met de arrogante pretentie dat Joden daar nu een prinsenleven konden leiden!'), over het aantal Joden dat ten prooi viel aan de heksenjacht in de Verenigde Staten ('Laat ze dan goede films maken in plaats van propaganda voor Stalin!'), en vooral over hun angst dat de piepjonge staat Israël, dat schrale verpieterde pepertje op de kaart, zou bezwijken onder de aanvallen van zijn buren of van terroristen uit de vervloekte stad Gaza, die werden opgehitst door Nasser – de nieuwe raïs, die bruusk een eind had gemaakt aan de eeuwenoude vreedzame co-existentie tussen joden en moslims van Alexandrië. Spraken ze codetaal, uit vrees voor antisemitische spionnen?

Mijn vader vulde de glazen met een dikke, roodachtige, zelfgestookte likeur, waarna hij de fles Poolse wodka leegdronk die een ambassadelid hem had gegeven in ruil voor wonderpillen of voor een schoonheidscrème die zijn vrouw in een westerse glamourprinses moest veranderen. Terwijl ze canasta speelden, aten ze mijn moeders gebak op, waardoor het gesprek stilviel. Dat veronderstel ik althans. Want ik was weer in bed gekropen, door slaap overmand en verzadigd met een overdosis bedekte toespelingen waaruit ik niet wijs kon worden.

Toen mijn vader stierf, woonde ik al vele jaren niet meer bij mijn ouders. Na de begrafenis ging mijn moeder terug naar hun appartement, waar ze de rest van haar leven heeft gesleten zonder ook maar iets aan de orde der dingen te veranderen. Het zou niet in me zijn opgekomen om in de grote halkast te rommelen waar hun papieren zich opstapelden. Zodra ik de kast opentrok, waarin ook boeken en een fotoalbum lagen, riep ze: 'Alain! Wat zoek je? Je gaat alles overhoophalen. Ik heb er een hekel aan als je aan mijn spullen zit!'

Pas na de dood van mijn moeder – láng na haar dood, alsof ik nog altijd bezwaard werd door haar verbod en haar bij voorbaat al hoorde zuchten – ging ik dus 'aan haar spullen zitten'.

Exact tien jaar later, om precies te zijn – met een paar dagen verschil. In een plotselinge opruimbui stortte ik me op de dozen die nog in de kelder stonden. Met aan mijn voeten een volle rol vuilniszakken begon ik verstrooid naar de papieren te kijken, vastbesloten om het leeuwendeel, zo niet alles weg te gooien. Toen stuitte ik op een paar zonderlinge documenten. Documenten die zoveel verhalen opriepen die ik was vergeten – of liever waar ik totaal niets van wist. Ik was onder de indruk. Wat moest ik met die losse papieren? Proberen de stukjes tegen elkaar te leggen, chronologisch te ordenen? Er waren veel te veel hiaten. Onbegrijpelijke resten van een vervaagd, lang testament. Het eenvoudigst was geweest ze in fictie te gieten. De fantasie aan het werk zetten om de gaten op te vullen, het verhaal van een eeuw te vertellen. Voor een kroniekschrijver die kan doen en laten wat hij wil, waren mijn ouders ideale personen.

Mijn vader is geboren in het jaar dat de gebroeders Wright, de uitvinders van het vliegtuig, hun eerste octrooi namen, en is gestorven tien jaar nadat Neil Armstrong voet op de maan had gezet. Mijn moeder zag het levenslicht tijdens de Eerste Wereldoorlog, onder het trompetgeschal van de beginnende twintigste eeuw, en ging heen in 2001, vlak voor de geruchtmakende aanslagen waarmee de nieuwe eeuw werd ingeluid.

Met het verhaal van hun zwerftocht uit Polen en Rusland naar België, hun avonturen tijdens de nazibezetting, hun hoopvolle verwachtingen na de bevrijding en de naoorlogse opbloei had ik de grote Europese roman kunnen schrijven. Maar dan zouden mijn ouders met de geschiedenisstroom zijn meegesleurd en in de fictie verloren zijn gegaan. Naar de duivel met de twintigste-eeuwse geschiedenis! Op het gevaar af dat ik al snel door mijn materiaal heen zou zitten, besloot ik de nauwgezette notulist van hun leven te worden, niets meer dan dat, en de gaten in hun biografie open te laten, zonder ze te dichten met gissingen waarover ik zelf de baas zou zijn. Met het risico dat ik van de belevenissen die mijn ouders hebben doorgemaakt slechts een vage indruk zou geven. En het gevaar dat ik dingen zou verzinnen. Lezer, u bent gewaarschuwd: in het algemeen zult u, vrees ik, niet aan uw trekken komen, en ik evenmin. Maar zelfs als de personages van dit boek u voorkomen als ijle schimmen, ze zijn de afspiegeling van levende mensen van wie de ziel blijft ronddwalen, omdat ik hen niet heb willen begraven, ook al heb ik op hun graf kaddisj gezegd.

Het Jodenregister

Het eerste document dat me onder ogen kwam, met het brief-
hoofd van de gemeente Schaerbeek, droeg de titel 'Jodenregister'.
Dat register, waarvan ik nooit had gehoord – en waarvan mijn ouders in mijn bijzijn nooit iets hadden gezegd – is aangelegd krachtens een verordening van 28 oktober 1940 van de bezettende
overheid.

Het velletje papier, van niet al te beste kwaliteit en met een tekst
die begint te vervagen, is het eerste rechtstreekse schriftelijke
getuigenis van mijn vaders en mijn moeders leven na de komst
van de Duitsers in Brussel. Een neutraal, kleurloos, onschadelijk
ogend administratief document waarvan de valstrikken en zwarte
gaten zelfs voor degenen die het hebben opgesteld, ingevuld en
ondertekend, verborgen werden gehouden.

Schaarbeek is de naam van de gezellige Brusselse gemeente
waar mijn ouders woonden, waar ik ben geboren en waar ik mijn

hele kindertijd gelukkig en zorgeloos heb doorgebracht. Een gemeente waar iedereen, zelfs politieagenten en vreemdelingen, elkaar groette, waar de postbode even stopte om in de keuken een biertje of een borrel te drinken met de kolenboer, die net een emmer cokes had geleverd. Een brave gemeente met brave inwoners en een brave burgemeester, die kon rekenen op brave schepenen en brave ambtenaren die geen vlieg kwaad zouden doen. Wat mag dan het verschil zijn tussen een vlieg en een Jood?

In oktober 1940 gaf de bezettende overheid aan alle gemeenten van het koninkrijk België bevel hun Joden in te schrijven in een daartoe bestemd register. Bij mijn weten heeft geen enkele gemeente geweigerd deze instructie op te volgen en haar ambtenaren met deze klus op te zadelen, terwijl de Duitsers, als alle burgervaders dat zouden hebben vertikt, nooit het nodige personeel hadden gehad om die inschrijving zelf uit te voeren. Oeps! Ik had beloofd de geschiedenis niet te herschrijven.

In Schaarbeek werd het Jodenregister in november 1940 geopend. Wet is wet. Chaos, anarchie, veel erger dan de bezetting. En struisvogelpolitiek, de hoeksteen van de toenmalige Belgische politiek en cultuur.

Elke persoon van het Joodse ras moet zich in de gemeente waar hij woont inschrijven, zo bepaalt de verordening van oktober 1940.

Als de Duitsers laten we zeggen alle bijzienden, zwakzinnigen, eenbenigen, stotteraars of klunzen hadden verplicht zich in een register in te schrijven, is het dan denkbaar dat die hadden gehoorzaamd? En als bij verordening was vastgesteld dat er een inventaris moest komen van alle huizen met een vliegenplaag, welke eigenaar zou dan zo naïef zijn geweest in de val te trappen? Hij zou ze wel zien vliegen! Waarom voor de duivel was mijn vader dan zo ijverig om zich aan te melden als Jood en zijn eigen naam en die van mijn moeder in te schrijven in dat verrekte register? Wilde hij bewijzen dat ook hij de wet eerbiedigde, net als al zijn dierbare buren? Dat hij een even goede Belg was?

Waarom heeft hij zich aangemeld als Jood, terwijl hij sinds hij uit Polen weg was geen voet meer in een synagoge had gezet en aan rabbijnen een nog grotere hekel had dan aan pastoors en de hele 'gelovigenkliek' en nog heftiger tegen hen tekeerging dan een antisemiet?

Waarom verklaarde mijn vader dat hij Joods was, hij, de niet-confessionalist, de gauchist, de internationalist?

Waarom heeft mijn vader 'zijn registratie als Jood aangevraagd', terwijl hij dan misschien geen weet mocht hebben van het tragische lot dat zijn geloofsgenoten te wachten stond, maar in ieder geval wél van de pesterijen, de vernederingen en de uitsluiting die Duitse Joden ondergingen sinds Hitler zeven jaar eerder de macht had gegrepen?

De Jodenverordening van 28 oktober 1940 verklaart dat elke persoon die van ten minste drie vol-Joodse grootouders afstamt, Joods is. Bepalend voor het Joods-zijn is de religieuze gezindte, zo wordt in de verordening gepreciseerd. Dat men 'tot de Joodse godsdienstgemeenschap behoort'.

Behoorde mijn vader tot de Joodse godsdienstgemeenschap? Het zou zo makkelijk zijn ja te antwoorden. Maar zoals in alle Joodse kwesties is het antwoord: in zekere zin wel, in andere zin niet.

Vijfde colonne

In zijn toelichting bij de verschilpunten tussen de definitie van Jood in de Belgische verordening versus de Duitse wetgeving benadrukte Duntze, de militaire bevelhebber die verantwoordelijk was voor de verordening, dat 'slechts een klein deel van de Belgische Joden tot de Joodse godsdienstgemeenschap behoren en aan haar activiteit deelnemen'. Hij adviseerde niet te veel belang te hechten aan het synagogebezoek, ter vermijding van 'het gevaarlijke effect waarbij Joden die in feite onverschillig staan tegenover het geloof, tot dat criterium zouden worden herleid', wat 'niet in het belang van de Duitsers is'.

Hoe kende die Duntze de Belgische Joden, of in ieder geval de persoonlijkheid van mijn vader zo goed? Zou Chaïm Berenbaum hem die zonderlinge ideeën over Joden hebben aangepraat?

Het is niet zo'n gekke vraag als het lijkt.

We schrijven 1937. Nadat mijn vader aan de universiteit van Luik zijn apothekersdiploma had behaald en in verschillende randstedelijke apotheken had gewerkt, trok hij naar Brussel, waar hij apothekersassistent werd in de betere buurten van Schaarbeek. Een van zijn klanten heette Tomas, een ingenieur van Duitse afkomst. De twee mannen sloten snel vriendschap. Waren ze niet allebei buitenlander, hoogopgeleid, letterlievend en ongeveer even oud? Mijn vader was dol op Duits, op de muzikaliteit en complexiteit van die taal, op de Duitse dichters. Hij kon het niet laten zijn ontwikkeling tentoon te spreiden, indruk te maken op mensen. Voor wie anders moest hij Heine in de originele versie declameren? Laten we hem deze opschepperij vergeven. Niemand was verplicht naar hem te luisteren. Tomas van zijn kant is een toehoorder uit duizenden. Hij hangt aan mijn vaders lippen, moedigt hem aan, juicht hem toe. Ontroerd bij het horen van de stem van Heine, wiens boeken in Duitsland verboden zijn en verbrand worden. Naarmate de maanden verstrijken, wordt Tomas een vriend des huizes. In mijn vaders appartement, boven de apotheek, zitten ze avondenlang te schaken en de toestand van de wereld te bespreken in het prikkelende aroma van poedertjes, pillen en geneeskrachtige planten, waar het hele huis naar geurt.

Ha! De wereld! Het favoriete onderwerp van mijn vader sinds hij weg is uit zijn sjtetl, het dorp Maków bij Warschau. Bij Tomas laat Chaïm zich gaan. Zo'n gewillig oor, daar raakt hij niet tegen uitgepraat. Temeer daar ze zeldzaam zijn! De meesten van zijn vrienden, Joden die, zoals hij, al vroeg zijn komen immigreren, hebben de kwalijke gewoonte hem af te kappen zodra hij de naam Hitler of Chamberlain uitspreekt, een analyse wil maken van de politieke haarkloverij van de Poolse dictator Pilsudski of begint uit te leggen waarom het oppassen is voor Paul-Henri Spaak, de kameleontische Belgische minister van Buitenlandse Zaken. Die Joodse vrienden hebben de synagogen en de verstikkende tradities van hun ouders de rug toegekeerd, en zijn niet naar een westerse, moderne, wereldlijke stad gevlucht om mijn vader politieke betogen te horen fileren op de toon en met de nauwgezetheid van een Talmoedische rabbijn die het boek Job onder handen neemt. Om hem de mond te snoeren beginnen ze snel over meisjes, voetbal, vakantie, boliden, kortom, alles behalve politiek. Zwijg, Chaïm! Politiek is geen goede zaak voor Joden! Het is een slechte investering, waar alleen maar ellende van komt! Kijk hoe het degenen die zich in Rusland met politiek inlieten, is vergaan. Wat is er geworden van al die Joodse kameraden die met een rode ster op hun geweer zijn vertrokken en zich al op gelijke voet waanden met hun gojse kameraden? Zij hebben het over politiek, ja, terwijl ze stenen hakken in Siberië!

Tomas reageert helemaal niet zoals al die defaitisten, Joden met een gettomentaliteit die hun kop in het zand steken. Hij hangt aan Chaïms lippen, luistert even gretig als een leerling naar zijn mentor. Hij maakt nog net geen notities. Het enige minpuntje: een overdreven respect voor mijn vaders woord. Nooit spreekt hij mijn vader tegen, wat mijn vader op den duur ook niet meer zo leuk vindt. Ten hoogste dropt Tomas op een dag de bijnaam waar mijn vader nooit meer van afkwam: 'Chaïm, jij moet meneer Optimist heten! Nooit heb ik iemand ontmoet die zo sterk als jij overtuigd is van de schitterende toekomst van onze planeet. Als je nou een communist of een nationaalsocialist was, zou ik je enthousiasme nog kunnen begrijpen, maar nee, jij haalt de kracht voor je optimisme helemaal uit jezelf. Je bent een unicum in deze tijd!'

Goed gezien, Tomas! Mijn vader sprak even vurig als Mussolini op zijn balkon, maar zonder de grootse, groteske operagebaren waarmee die voor zijn luisteraars probeerde te verbergen dat hij haast geen stem meer had. Net zoals de Duce was mijn vader klein, geblokt, met zwartblauwe ogen die vuur schoten om zijn woede of hartstocht kracht bij te zetten. Tomas had gelijk. Mijn vader geloofde in de onomkeerbare opmars van de beschaving, de teruggang van barbaarsheid, die het onderspit moest delven voor het woord of het onderwijs, nu ja, dat soort dingen.

Mijn vader bewonderde Tomas omdat hij na Hitlers machtsgreep spoorslags het Reich had verlaten. Hij kwam uit een familie met banden met de socialistische beweging en had begrepen dat er in zijn land geen toekomst meer voor hem was en dat hij alles te vrezen had van een bewind dat zich klaarmaakte om iedereen die niet keurig in de pas liep te verpletteren. Dankzij zijn ingenieursdiploma kon Tomas bij aankomst in België dadelijk aan de slag bij de firma Erpé, een bedrijf dat voortreffelijke radiotoestellen bouwde. Om een voorbeeld te geven, het toestel dat hij voor mijn vader in elkaar had gezet doet het na tachtig jaar nog altijd, terwijl Tomas, mijn vader en mijn moeder al lang dood en begraven zijn. De radio staat op een tafeltje naast me terwijl ik dit opschrijf.

Op die draadloze ontvanger luisterden mijn vader en Tomas tijdens hun schaakpartijen naar de rechtstreekse uitzendingen van de toespraken van kanselier Hitler. Volgens mijn vader kon Tomas duivels knap de loper op het schaakbord verplaatsen. Dat had bij hem een belletje moeten doen rinkelen.

Tomas bleef voor mijn vader een ideale gesprekspartner. Met hem verbeterde hij de wereld zoals hij het zag, een wereld waar slechteriken sidderden voor de kracht en intelligentie van de goeden. Tot op de zonnige dag in mei 1940 dat het Duitse leger België binnenviel. Op die dag verdween Tomas. Was hij aangehouden door de bezettende troepen? Was hij naar Frankrijk, Engeland, de Verenigde Staten gevlucht? Had hij de strijd aangebonden tegen zijn slechte landgenoten om de goeden in Berlijn weer in het zadel te helpen? Ja, dat moest het zijn, hij was ondergronds gegaan. Mijn vader wist het zeker, nadat hij vergeefs aan zijn deur had gebeld. Bij Erpé hadden ze geen informatie. Hij was niet de enige werknemer die ineens wegbleef zonder adres achter te laten.

Een paar maanden later, toen het in Brussel begon te sneeuwen, duwde een Duitse officier in onberispelijk uniform en met glimmende laarzen de glazen deur van de apotheek open, een harde, ijskoude wind met zich meevoerend. De schrik sloeg iedereen in de farmacie om het hart. Een vrouw niesde. Een kind begon te huilen, zijn moeder durfde het niet te sussen. 'Nou zeg, Chaïm, *meine Freunde*,' riep de officier met een brede glimlach, 'zeg je geen gedag meer tegen je oude kameraad?'

Mijn vader ging bijna van zijn stokje. Tomas was natuurlijk socialist noch vluchteling. Hij behoorde tot wat de *vijfde colonne* werd genoemd, de schare spionnen die door het nazibewind over de Europese landen was verspreid om de invasie voor te bereiden en Berlijn te informeren over de stemming onder de bevolking.

Toen mijn vader de ware aard van zijn vriend ontdekte, speet hem één ding: dat Tomas hem tijdens hun maandenlange vertrouwelijke omgang had verzwegen dat hij nationaalsocialist was en hem over het nazigif had laten oreren zonder één woord van kritiek te uiten in plaats van met hand en tand het nazistandpunt te verdedigen. Wat had hij graag met de advocaat des duivels de degens willen kruisen. Als Tomas open kaart had gespeeld, had mijn vader hem wel tot andere gedachten gebracht. Daar was hij van overtuigd. Dekselse meneer Optimist!

Tomas wist alles over mijn ouders, meer waarschijnlijk dan ik zelf ooit te weten zal komen. Toch heeft hij hen niet aan de Gestapo verklikt. In welk hokje past hij dan? De goeden? De slechteriken? Of op nog een andere plek, ergens in de wereld zoals die is, niet wit en niet zwart, maar grijs, de kleur van de as waarmee langzaamaan de hele planeet werd bedekt?

Wat stelde Tomas voor als spion? Ik weet het niet. Maar als handige Harry was hij een kei. Getuige de klank van de radio die hij voor mijn vader in elkaar heeft geknutseld. Nog altijd even zuiver als in 1937, tijdens de rechtstreeks uitgezonden concerten van de Berliner Philharmoniker, tussen twee redevoeringen van de

Führer door. Stukken beter dan de gestoorde ontvangst van de BBC, waar mijn vader naar luisterde, met zijn oor helemaal tegen de luidspreker aan, terwijl hij zachtjes boodschappen ontcijferde voor mijn moeder: 'Hier Londen... Marie-Thérèse aan Marie-Louise: vanavond komt er een vriend...' Het enige overblijfsel dat na duizend jaar van het Dritte Reich zal resten.

Komt het door Tomas dat mijn vader het raadzaam vond zich in het Jodenregister in te schrijven? Het is een hypothese. Toen Thomas in zijn Wehrmachtplunje zijn apotheek binnenviel, wist hij alles over Chaïm Berenbaum. Alles wat nodig was om hem naar *Nacht und Nebel* te sturen. Als Pool die voor zijn opleiding naar België was gekomen, waar studenten niet volgens de vermeende vorm van hun neus en stand van hun oren werden ingeschreven, had hij een voorlopige verblijfsvergunning – ideaal om zich door de bezettende overheid te laten opsporen. Hij had de naturalisatieformaliteiten altijd uitgesteld, en naarmate de sfeer in Europa onrustiger werd, waren die onoverkomelijk geworden – misschien was hij altijd wat blijven twijfelen aan zijn besluit om in België een nieuw leven op te bouwen. In het circus zou mijn vader opperstalmeester zijn geweest en zou hij Hitler onder groot tromgeroffel van het orkest door de leeuwen hebben laten verscheuren. Om vervolgens zijn favoriete artiest, de goochelaar, aan te kondigen, die meteen ijverig weer een handvol glitters over de wereld zou hebben uitgestrooid. Helaas! De nieuwe autoriteiten hadden circussen, zigeuners, Joden en goochelnummers onmiddellijk verboden.

Een huwelijk in strikt besloten kring

Was Tomas erbij op mijn vaders huwelijk? Mijn vader schonk mensen spontaan zijn vertrouwen. Hij zou een arm hebben afgestaan aan wie bereid was naar zijn betogen te luisteren. Waarom zou hij voor een vijand van Hitler trouwens verbergen wie hij was en wat hij dacht? Na het partijtje schaak op de keukentafel haalde mijn vader de wodkafles tevoorschijn en zijn zus Esther, die bij hem inwoonde, bracht de samowaar voor de thee en een stuk taart dat ze juist had gebakken. Niet alleen spijs en drank zorgden voor warme gezelligheid. Tegen het eind van de avond was de kamer overgoten van geluk. Ze voelden zich gelukkig, jong, vol hoop voor de toekomst. Hitler? De Führer zou België ongemoeid laten. Dankzij koning Leopold III – Duits van moederszijde – en zijn listige minister van Buitenlandse Zaken, Paul-Henri Spaak, de twee bezielende krachten achter de neutraliteitspolitiek, zou België zich afzijdig houden van het strijdgewoel. (Erewoord! Hand erop! Sla me dood!) Hitler zou zich natuurlijk wel wreken op de Fransen en de Engelsen en hij zou de bolsjewieken uitdagen, maar niet de Belgen, die zo vriendelijk, zo poeslief voor hem waren.

Toen mijn vader in 1928 in België neerstreek, schreef hij zich in aan de farmaceutische faculteit van de Luikse universiteit zonder een woord Frans te kennen. Nadat hij eenmaal zijn diploma op zak had, kwam hij makkelijk aan werk in apotheken in de streek rond Luik en Namen, en later in Brussel. Daar werd zijn levenspad op een dag gekruist door een prachtige brunette met lichtbruine huidskleur, krulhaar en dromerige ogen, een echte filmster, die om medicatie kwam voor haar oom. Een paar maanden later trad Chaïm met Rebecca, de mooiste vrouw van de wereld, althans de Joodse wereld, in het huwelijk. Een optimist wie alles voor de wind ging.

Had je geen dekselse dosis optimisme nodig om in januari 1940, amper een paar weken voordat de Wehrmacht het land binnenviel, in het huwelijksbootje te stappen?

Tegen mensen die niet uitgenodigd waren, beweerden mijn ouders dat ze in strikt besloten kring waren getrouwd. Wat een mop! Alleen begrafenissen worden in strikt besloten kring gehouden. Maar van begrafenissen was geen sprake. Althans, nu nog niet...

Om te trouwen mochten ze de salon van een bevriend stel gebruiken. Daar was het een beetje ruimer dan mijn vaders piepkleine appartementje boven de apotheek. Het jonge bruidspaar werd door vrienden omstuwd, niet door familie. Polen was al in handen van de Duitsers (en de Russen). Alleen mijn moeders oom en tante, Harry en Herta, die in Brussel woonden, en een van mijn vaders zussen, Esther, die ook farmacie was komen studeren in België, waren van de partij.

Een van de genodigden had Joseph Schmidt meegebracht, een destijds beroemd Duits tenor, een film-, theater- en radioster. Zijn faam had hem een tijdje tegen de anti-Joodse naziwetten beschermd. In 1937 speelde hij nog in films die geproduceerd werden door de UFA van Goebbels. Daarna pakte ook hij zijn biezen. Gezien de ereplaats die de piano in de salon innam, kon hij niet lang tegen de massale smeekbedes op. ('Kom op, Joseph! Vooruit! Eentje maar! Toe! Voor het bruidspaar!') Toen hij zijn grootste succesnummers begon te zingen, 'Tiritomba', 'Funiculi' en de legendarische aria's uit *De toverfluit*, troepten de mensen samen op straat. Tussen elk nummer riepen ze onder daverend applaus zijn naam. Ondanks de kou stonden de ramen van de salon open – wat wel zo veilig was, want tijdens de tremolo's was het glas vervaarlijk gaan trillen. Na afloop van zijn recital kon Schmidt niet anders dan de uitgelaten menigte te gaan groeten. Is dat een huwelijk 'in strikt besloten kring'?

Rare sfeer! Enerzijds het feest ter ere van Chaïms coup de foudre voor Rebecca. Wijn, champagne, muziek. Anderzijds de hete, stinkende adem van het monster in de nek van de gasten. En daartussen mijn vader, een beetje bedwelmd, dronken van speeches (vooral zijn eigen speeches, die zijn gasten waarschijnlijk voor één keer hebben aangehoord zonder hem in de rede te vallen). Met aan zijn arm een echte star. Terwijl een andere star hem een zanghulde bracht. Januari 1940... Het is altijd hetzelfde liedje met de goden. Ze kunnen het niet laten om spelbreker te zijn – het geluk van de stervelingen zou hun macht eens in het gedrang kunnen brengen.

Mijn moeder was vijfentwintig. Mijn vader drieëndertig. Joseph Schmidt amper vier jaar ouder. Het is alsof iedereen toen jong was. Wanneer zijn de mensen ouder gaan worden?

Nog even over Joseph Schmidt. Na allerlei moeilijkheden bereikte hij het jaar daarop eindelijk Zwitserland, ziek en uitgeput. Maar daar was hij niet beter af dan de rest van zijn familie, die in Dachau of Treblinka terecht was gekomen. Hij werd meteen opgesloten in een vluchtelingenkamp, waar hij stierf bij gebrek aan verzorging, want de Zwitsers hadden hem niet in een ziekenhuis willen opnemen.

Mijn vader heeft me vaak met ogen die gloeiden van woede en pijn het lot van zijn idool voorgehouden. Dan denk je de duivel te snel af te zijn en loop je recht in zijn armen doordat hij zich in een schapenvacht heeft gehuld. De Zwitsers hadden het bij hem verbruid, net als de Polen, de Roemenen, de Letten. En nog een paar anderen.

De huwelijksreis vond een paar weken na het trouwfeest plaats. Een beetje een reis à l'improviste. Onder escorte van de Duitsers, die de Neckermann-stijl nog niet hadden ontdekt. Richting Boulogne-sur-Mer, zijn stranden, zijn twaalfde-eeuwse stadsmuur, zijn haven. Hoe mooi het daar ook mag zijn, de tocht verliep niet helemaal zoals mijn moeder het zich had gedroomd...

De dag dat mijn vader
geen Poolse held werd

Dadelijk na de komst van de Duitsers in België gingen mijn vader en moeder hun wittebroodsweken vieren aan de kust van Pas-de-Calais, in gezelschap van een paar honderdduizend Belgen, die hen met alle vervoersmiddelen achternakwamen. Mijn ouders kozen voor de fiets. Even laten zien hoe goed ze zich de Belgische cultuur eigen hadden gemaakt – sinds de recente overwinningen van Sylvère en Romain Maes in de Ronde van Frankrijk stond het stalen ros daar hoog aangeschreven.

Op die zachte lentedag peddelden mijn ouders dus in een peloton dat zo rommelig en weinig strijdbaar was dat het elk moment door de (Duitse) achtervolgers kon worden ingehaald.

'Nog even op de tanden bijten, Kuka! We komen er. Ik ruik de zeelucht al', riep Chaïm terwijl hij zich maaiend met zijn arm naar haar omdraaide.

'Pas maar op dat je de koffer niet laat vallen', mopperde mijn moeder bezorgd.

Dat verdomde optimisme van mijn vader ook: hoe kon iemand nu denken dat het Franse leger de vijandelijke aanval zou weerstaan en de vluchtelingen zou beschermen? Hadden mijn ouders geweten welk lot de Franse overheid voor de Joodse fietsers in petto had in het Vel' d'Hiv' in Parijs, dan hadden ze wel snel de benen genomen naar Spanje, het inferno, of zelfs naar Zwitserland, de richting die mijn moeders oom en tante, Harry en Herta, uit waren gegaan. Die koersten gezwind naar de Côte d'Azur, in de hoop bij de Helvetiërs langs te komen. Meneer Optimist had gegokt dat de Fransen zouden winnen. Oom Harry dat ze in het stof zouden bijten.

In Boulogne zien mijn ouders hun vergissing in. De oorlog is voorbij. Of bijna. In de stad die ze paraat voor de strijd waanden, heerst de vreselijkste chaos. Boulogne, het bruggenhoofd van het Britse tegenoffensief. Bruggenhoofd? Schei uit! Het Franse leger stuift her en der uiteen, de Engelsen schepen halsoverkop weer in, samen met de weinigen die nog verder willen strijden. Vooral buitenlanders, onder wie veel Polen. Die hebben niets meer te verliezen, want ze zijn alles al kwijt. Hun land is aan stukken gehakt door de Duitsers en de Sovjets, die iedereen hebben verrast met hun wederzijdse niet-aanvalspact. Ach, wat keken de westerse communisten op hun neus toen ze hoorden dat de ministers van Hitler en Stalin samen aan het toosten waren op de verdeling van het nog warme lijk van hun buurland!

'Kalmte alleen kan ons redden. We reizen verder', verklaarde mijn vader. 'Wij Belgen zijn gespecialiseerd in rittenwedstrijden.'

Restte hun nog weg te komen uit Frankrijk, dat het pleit al had verloren, en Groot-Brittannië te bereiken.

'Blijf hier op me wachten, Kuka. Ik ga de kaartjes kopen!' meldde hij, zonder oog voor de chaos om hen heen.

Maar toen hij met een zwaai zijn paspoort toonde om in te checken op een van de laatste boten die het Kanaal nog zouden oversteken, wachtte hem een verrassing van formaat. 'Pools? Mooi zo. Ga maar in de rij staan.'

En zo was mijn vader, die zijn verse eega al op een droomcruise dacht te vergasten, in minder tijd dan de Duitsers nodig hadden om Frankrijk onder de voet te lopen in het Poolse leger gemobiliseerd. Hij, die de Poolse scholen niet hadden gewild omdat hij Joods was, werd nu ineens weer Pools burger, met evenveel recht om zich voor het vaderland te laten neerschieten als zijn landgenoten. Alleen op kanonnenvlees staat geen ras vermeld. Mijn vader had een held kunnen worden. Overladen met medailles en aan het hoofd van een kosmopolitisch regiment vier jaar later naar België terug kunnen keren. Of in Polen kunnen neerstrijken in het uniform van de bevrijder. Of sterven op het veld van eer en de beroemdste onbekende Poolse soldaat worden van de Tweede Wereldoorlog. Maar dat was zijn lotsbestemming noch zijn ambitie. Denkt u dat hij gewoon zin had zich in te graven? Misschien. Je kunt aan zijn houding ook een nobeler interpretatie geven: op die dag koos hij voor België en brak hij definitief met Polen (hij keert er nooit meer terug). Mijn vader koos voor het verzet (tegen de oorlog).

Nadat hij op de vlucht was geslagen voor de Duitsers, probeerde hij nu dus aan het Poolse leger te ontkomen! Een slimmerik die in al die drukte de goeden van de slechten kan onderscheiden! Zouden de gemene Polen ineens in het kamp van de goeden zitten, en alle Duitsers in dat van de duivel? Wat de koning der Belgen betreft, Leopold III heeft de wapens neergelegd – nadat zijn leger dapper weerstand had geboden – en wordt dan ook te schande gemaakt door de Franse autoriteiten, die zelf de aftocht blazen en in hun handen wrijven omdat ze nu een zondebok hebben voor het ineenstorten van het front. In België daarentegen geniet de koning het vertrouwen en de algemene steun van de bevolking (zoals Pétain een paar weken later in Frankrijk).

Wat te doen in al die verwarring, te midden van dat debacle? Nazi's en stalinisten, die als gezworen vijanden te boek staan, zijn aan het verbroederen, terwijl het geduchte Franse leger als een kaartenhuisje omver wordt geblazen. 'Ils n'auront pas l'Alsace et la Lorraine!', 'On ira pendre notre linge sur la ligne Siegfried'. Alle liederen waarin de Franse overwinning werd aangekondigd, had mijn vader gehoord op zijn mooie Erpé-radio, hij had er rotsvast in geloofd – en met hem alle luisteraars. Tot hij op een dag moest vaststellen hoe zijn wereld overal water maakte en zijn zekerheden aan stukken vlogen. Als hij het Poolse uniform zou aantrekken, zou hij delen in de waanzin van zijn landgenoten: hun ruiters werden door artillerievuur gedecimeerd en sneuvelden terwijl ze met getrokken sabel op de Duitse tanks afstormden. Had mijn vader dan niet door dat het andere kamp nog maffer was?

In de klem tussen twee kwaden besloten mijn ouders dan maar in de armen van de Duitsers te lopen. Een keuze die typerend was voor een verwarde tijd... Ze klommen weer op hun fiets en nu zien we hen in de richting van de bezette stad Brussel peddelen.

Een romanschrijver zou de lezer prompt een inkijkje geven in de gedachten van onze jonggehuwden die recht op hun door de nazi's gecontroleerde stad af racen. De kroniekschrijver daarentegen staat bij ontstentenis van documenten, verhalen of bekentenissen met lege handen. Hij heeft gezworen dat hij niets zou verzinnen. Dat hij de getrouwe notulist zou zijn van deze verwikkelingen, deze mensen van vlees en bloed, en er het zwijgen toe zou doen als hij over geen enkel gegeven beschikte dat een helder licht op de gebeurtenissen werpt. Een detectiveauteur hoeft het verhaal gewoon maar een zetje te geven, zijn personages wat extra te stofferen om de ontknoping die hun wacht en die al in zijn hoofd zit, aannemelijk te maken.

Niets daarvan bij een nauwgezet onderzoeker. Om de waarheid aan het licht te brengen heb ik besloten me aan de zeldzame feiten te houden die ik bij elkaar heb kunnen sprokkelen. Alleen de feiten. Als die onzeker en soms onwaarschijnlijk zijn, dan is dat maar zo. Af en toe heb ik de indruk dat mijn verhaal in een impasse zit: alle getuigen zijn inmiddels dood, mijn ouders hebben tegen mij nauwelijks over hun leven gerept, hun vrienden weigerden over de oorlogstijd te praten. Wanneer ik geneigd ben het op te geven, mezelf verwensend omdat ik veel te lang heb gewacht, praat ik mezelf weer moed in door te bedenken dat antropologen erin slagen gewoon op basis van de studie van een stuk kaakbeen het gedetailleerde verhaal van de eerste mensen te vertellen. Zal men over Lucy méér weten dan over de heer en mevrouw Berenbaum? Kom op! En dan ga ik weer aan de slag. Was ik niet de zoon van meneer Optimist?

Wat niet wegneemt dat ik echt zou willen weten wat er door hun hoofd speelde toen ze op de pedalen stonden en de Franse en later Henegouwse landwegen bedwongen. Mijn moeder is jong, slank, mooi, lichtbruin van huidskleur. Haar weelderige zwarte haardos wappert in de wind. Heeft ze al spijt van haar huwelijk, nu ze in dit debacle terecht is gekomen, haar blik gevestigd op de rug van de man die zwoegend voor haar de weg baant en intussen hoopgevende woorden debiteert die her en der doodvallen tussen de straatkeien? Verwijt ze hem deze rampzalige huwelijksreis, waarbij een vrolijke fietstocht met als einddoel een picknick op een strand in Pas-de-Calais verandert in een achtervolging door twee pantserdivisies en een hysterische horde rekruterende Poolse officieren?

Mijn moeder is nooit erg wraakgierig geweest. Ze was een praktisch ingestelde vrouw. Dus ben ik tot de slotsom gekomen dat het enige wat haar tijdens die doortocht door de Hel van het Noorden echt zorgen baarde, het lot van haar koffer was.

De zaak van de koffer van Boulogne

Mijn moeder kennende ben ik geneigd te denken dat ze de hele weg lang veel minder bang was voor lekke banden op de kinderkopjes van Pas-de-Calais, granaatbommen, de Wehrmacht, de Gestapo, het lot van haar familie die in Vilnius onder het nazi-juk verpletterd werd, haar twijfels over haar huwelijk of het leven dat haar in het bezette Brussel te wachten stond, dan voor verlies van haar bagage.

Haar voorgevoel bedroog haar niet. Het plan om de koffer terug te sturen met de trein kwam van meneer Optimist. 'Waarom onnodig gewicht meezeulen', had hij geroepen. 'We kunnen beter zonder bagage reizen, dan zijn we er sneller. Vergeet de dieven niet!'

Hij drong zo aan dat ze bakzeil haalde, in plaats van haar intuïtie te volgen. Toen ze weer in Brussel waren, stond de koffer daar niet. U zult tegenwerpen dat Frankrijk overwonnen en bezet was, dat de haven van Pas-de-Calais zwaar geteisterd was door Duitse bommen, dat die duizenden doden, gewonden, gevangenen en aanzienlijke schade veroorzaakten. Akkoord. Maar waarom zouden al die gebeurtenissen hun weerslag hebben op het lot van haar koffer?

De vrouw van meneer Optimist bewaarde net als haar echtgenoot een onwankelbaar vertrouwen in de kwaliteit en achtbaarheid van de openbare diensten. Hield ze daar niet het reçu nr. 305 in haar handen, dat was uitgereikt door een ambtenaar van de Franse spoorwegen en dat het bewijs was dat ze haar koffer in bewaring had gegeven en dat de spoorwegmaatschappij, anders gezegd de Franse Republiek, zich verbond tot het transport en de trouwe terugbezorging van diezelfde koffer?

Wat een vertekend beeld geven geschiedenisboeken van de realiteit. Als je voortgaat op wat ze vertellen, werd de stad Boulogne-sur-Mer op 20 mei 1940 volledig verwoest. De avond tevoren was het Belgische vrachtschip Antverpia door de Luftwaffe gebombardeerd en daarna in de haven door brandbommen vernield. Een paar kilometer verderop werd een baggermolen (in het Frans *marie-salope*, wat ook 'slons' betekent – mijn moeder, die verbasterd Frans sprak, kende het woord vast niet van het *lycée français* in Vilnius) door een ander Duits vliegtuig tot zinken gebracht. Op dezelfde dag wordt de Franse olietanker Ophélie door brandbommen vernietigd. Het brandende wrak zet de haven drie dagen lang in lichterlaaie. Een Britse treiler en een Grieks tankschip worden een paar uur later op hun beurt door de vijand onder vuur genomen, terwijl het Duitse leger de stad bestormt, omsingelt en zonder slag of stoot inneemt.

Dan heb je toch zo het idee dat alles door paniek is ontwricht. Winkels dicht, bevolking op de vlucht, openbare diensten plat, ontmanteld. In de stad heeft iedereen begrepen dat het front gebroken is en het Franse leger het onderspit delft.

Welnu, het op 20 mei 1940 gedateerde reçu dat mijn moeder tot aan haar dood met heilige eerbied heeft bewaard (en bij elke verhuizing weer heeft meegenomen), bewijst het tegendeel. Op die dag heeft zij zich, getuige het administratieve stempel, samen met mijn vader naar het station van Boulogne begeven (als gentleman droeg hij de bewuste koffer, met aan de andere hand zijn stalen ros), terwijl de Duitse bommen op de haven vielen, waar brandende boten schipbreuk leden en zonken. In al die beroering heeft ze een open loket gevonden, een beambte die werkte en op 'verzoek van Belgische vluchtelingen', zoals hij preciseert (en niet 'Poolse', let wel), zijn bonnenboekje vastpakte, zorgvuldig met zwart potlood formulier nr. 305 invulde en het hun bedaard ter hand stelde. Dank voor uw vertrouwen in onze dienstverlening! De SNCF wenst u een spoedig weerzien. Goede reis en tot de volgende keer!

Terug in Brussel oefent mijn moeder een paar weken geduld. Europa is ten prooi aan moord en brand, en toch behoudt ze haar vertrouwen in de kwaliteit van de openbare diensten.

Intussen wordt in Frankrijk – net als in België – wel al weer gewerkt. De post wordt opnieuw bezorgd, de fabrieken draaien, de treinen rijden, de ordehandhavers handhaven de orde, de banken bankieren, het bestuur bestuurt, de handelaars handelen, dit alles met de zegen en zelfs op warme aanbeveling van de hoogste autoriteiten van het land.

In juli 1940 is mijn moeder het beu dat ze haar koffer nog steeds niet terug heeft, en ze besluit naar het ministerie van Buitenlandse Zaken te schrijven (waarvan de baas, minister Paul-Henri Spaak, in België alle krediet verspeeld heeft en samen met de rest van de regering moedeloos in Vichy rondhangt en loopt te dubben over de te kiezen handelwijze). Vreemd genoeg richt mijn moeder haar brief aan 'de Politieke leiding'.

> Waarde heren,
> In 1940, tijdens de uittocht naar Frankrijk, heb ik in Boulogne-sur-Mer een koffer afgegeven bij de Franse spoorwegen. De koffer is nooit ter bestemming aangekomen en is ondanks de vele stappen die ik heb ondernomen, nooit teruggevonden.
> Onlangs heb ik in de krant *Le Soir* een bericht aan het publiek gelezen waarin stond dat Belgen die tijdens de uittocht bezittingen in Frankrijk hadden verloren, schadeloos zouden worden gesteld. Ingevolge dit bericht heb ik me tot het ministerie van Buitenlandse Zaken gewend, waar men mij heeft aangeraden een verzoek tot vergoeding in te dienen, alsook een beschrijving van de voorwerpen die in de koffer zaten. Ik heb de eer u te verzoeken om een vergoeding van de schade, die ik op 15.000 fr. schat.
> Met de meeste hoogachting...

Het antwoord bevredigde haar waarschijnlijk niet, want daarna richtte ze zich tot de Nationale Maatschappij der Belgische Spoorwegen, die haar in november 1940 antwoord gaf en haar vroeg een nieuwe, 'zo volledig mogelijke' beschrijving te geven van het vrachtstuk, 'de kleur, het sluitsysteem en of het al dan niet voorzien is van een cijferslot, het aantal sloten en de gedetailleerde inhoud'.

Op 9 mei 1941 gaat ze er nog een keertje tegenaan en herinnert ze de NMBS aan haar klacht: 'Te uwer informatie, het betreft een grote bruine koffer van ong. 1 m lang, van fibrine, met twee sleutelsloten. Het handvat van de koffer wordt aan één kant met een koordje vastgehouden. Er is geen cijferslot.'

Kuka is ervan overtuigd dat haar schrijven vanuit het bezette Brussel naar het door de nazi's gecontroleerde Parijs zal worden gebracht, waar een ambtenaar de tijd zal nemen het te lezen, een onderzoek in te stellen en haar brief te beantwoorden. Welnu, nogmaals, laat ik maar niet te veel lachen. Het antwoord bestaat en mijn moeder heeft het bewaard.

Hierbij had het moeten blijven. Alle bagage was natuurlijk her en der verspreid, zoekgeraakt, verloren, gestolen in de puinhoop in Boulogne. Terwijl iedereen ijlings op de vlucht sloeg, zat de plaatselijke bevolking, of wat daarvan overbleef, afgesloten van de buitenwereld te wachten op de komst van de vijand, niet meer wetend wie ze moest gehoorzamen.

Verbaast het u dat een Joodse die tot op dat moment uit handen van de nazi's wist te blijven en de exodus, de bombardementen en de razzia's heeft overleefd, zich niet kan schikken in het verlies van twee mantelpakjes (bruin en blauw), twee herenpakken (het ene marineblauw, het andere grijs, een beetje versleten maar nog altijd draagbaar, vooral in deze barre tijden), drie paar dames-schoenen, bloesjes, herenoverhemden, damesondergoed, een gouden potlood, een handgeschreven bundel bereidingsvoorschriften, twee jurken (een van wol en een van zijde), drie rokken (wit, bruin, zwart) en een stofjas? Dan kent u mijn moeder niet!

Sinds een paar maanden is ze ingeschreven in het vernederende Jodenregister, op haar identiteitskaart staat in hoofdletters en in paarse inkt 'JUIFS-JODEN' gestempeld. Het vangnet om de Joden sluit zich. Advocaten, magistraten, journalisten, industriëlen, de Joden worden langzaamaan van hun functies, hun werk, hun bedrijven, hun handelszaken beroofd. Ze zijn verplicht de gele ster te dragen en worden gaandeweg de clandestiniteit of de dood in gedreven. Intussen blijft mijn moeder mordicus aan haar koffer vasthouden. Nee, meneer, u zou dat misschien niet doen, zij wel.

Aangezien de NMBS niet van zich laat horen, klopt ze aan bij een instantie die speciaal werd opgericht naar aanleiding van de oorlogschaos: de Dienst voor Vereenzelviging en Vereffening van de Belgische Koopwaren. Op zijn beurt wordt deze dienst genoopt zich over het verschrikkelijke lot van Rebecca Berenbaums koffer te ontfermen.

De zaak neemt een internationale wending. In een officieel document dat in juni 1941 naar Kuka wordt verstuurd, wijst de SNCF alle aansprakelijkheid van de hand... krachtens een wet die dateert van na het verlies van de bagage. Hebben de Franse afgevaardigden (of de leden van de regering-Pétain, die sinds de wet van 10 juli tot afschaffing van de Republiek alle bevoegdheden uitoefenen) een speciale vergadering belegd om aan mijn moeder en haar eisen te ontkomen?

De hypothese is verleidelijk. Ze wordt nog versterkt door het feit dat maarschalk Pétain op 27 juli het decreet ter beteugeling van ras- en geloofsgebonden beledigingen opheft. Het manoeuvre van het Franse staatshoofd lijkt zonneklaar: mijn moeder in de tang nemen door de Franse spoorwegen met één pennentrek te ontslaan van hun zware verantwoordelijkheid in het drama dat de Berenbaums treft, en tegelijk de ambtenaren die door mijn moeder aan de tand worden gevoeld het recht te geven haar straffeloos uit te maken voor vuile Jodin.

Ik weet niet of mijn moeder na de oorlog nog andere stappen heeft ondernomen. Schreef ze een brief aan generaal de Gaulle? Of aan president Truman, om te vragen dat het Marshallplan in Frankrijk zou worden opgeschort tot ze weer in het bezit was van haar koffer? Of aan de VN? Wie haar kent, weet dat dit geen volkomen uit de lucht gegrepen veronderstellingen zijn. Ze heeft nooit aan moedeloosheid toegegeven. Hoe valt anders te begrijpen dat ze kort na haar uitgebreide briefwisseling de uitroeiing van de Belgische Joden heeft overleefd?

Wat zat er toch in die verrekte koffer dat mijn moeder zo na aan het hart lag en dat niet op het brave lijstje stond dat ze aan al haar correspondenten heeft opgestuurd? Goud? Familiejuwelen, foto's die ze uit Vilnius had meegenomen, als laatste aandenken aan haar in de Letse hoofdstad achtergebleven ouders, die ze nooit weer zou zien? Bij mijn weten zat er (behalve het gouden potloodje) niets anders in dan kleren. Maar ze had er ook de doos van Pandora in gestopt, waaruit haar nieuwe leven tevoorschijn moest komen.

Het einde van de garderobe

Nadat hun dierbaarste bezittingen ergens tussen de stations van Boulogne-sur-Mer, Le Havre, Pont-de-l'Arche en Château-Thierry in het niets waren opgelost, verdween drie jaar later ook de rest van de garderobe van Chaïm en Rebecca. Alweer mijn vaders schuld – in mijn moeders versie van het verhaal.

Vanaf 1943 namen de geallieerde luchtaanvallen op Brussel toe. Zodra de sirenes afgingen, ijlden de burgers naar de kelders en betonnen schuilplaatsen. Op een ochtend klonk de sirene op het dak van het naburige postkantoor en toen mijn vader al bij de deur van het appartement stond, merkte hij dat mijn moeder niet meekwam. Hoorde ze dan niet het door merg en been gaande gehuil van de sirene, waar ruiten, meubels en zelfs de balatumlaagjes van trilden? Hij rende door de kamers en vond haar uiteindelijk in de slaapkamer, rustig bezig met kleren uitzoeken op bed.

'Wat doe je', schreeuwde mijn vader in het geloei.

'Dat zie je toch, Chaïm', antwoordde ze, wijzend naar de open koffer aan haar voeten en de stapels kleren op bed. 'Ik neem het belangrijkste mee!'

Mijn vader greep mijn moeder bij haar arm en haar middel en dwong haar de kelder in, terwijl de wijk op zijn grondvesten schudde en het huis tot in hun schuilplaats daverde van de eerste bommen. Toen het alarm klaaglijk aan het uitgalmen was, troffen ze in de slaapkamer een complete ravage aan. De scherven van een vlakbij ingeslagen bom hadden de ruiten verbrijzeld en overal gaten gemaakt in de op bed achtergelaten truien, jasjes, overhemden, broeken, jurken en sjaals. In het midden van het puin lagen de resten van de vermorzelde koffer.

'Je mag me wel dankbaar zijn, Kuka', riep mijn vader onthutst uit. 'Dankzij mij leef je nog!'

'Dankbaar zijn? Omdat je 'm smeerde alsof de duivel je op de hielen zat? Zodat de Engelsen onze garderobe om zeep konden helpen?'

Jaren later kwam mijn moeder nog steeds met dit verhaal aanzetten, waarin mijn vader de boosdoener was, en nam ze onze

vrienden tot getuige van zijn eeuwige ongeduld, dat zoveel fami-
lierampen had veroorzaakt.

Als ik het verschil moet maken tussen een positieve en een
negatieve daad, denk ik vaak eerst aan dit tafereel terug, waaruit
ik veel heb geleerd over ware moed en heldendom.

Meneer en mevrouw Janssens

Waren mijn ouders helden?

Sinds ze terug waren van hun exodus, hadden ze hun appartement boven de Pharmacie de la Poste weer betrokken en had mijn vader het werk hervat. Hij bediende dezelfde klanten, die last hadden van dezelfde pijntjes en klaagden over dezelfde kwaaltjes, de regen, de smerige straten, de prijs van de vis, de overvolle trams waar passagiers zomaar in trosjes uit de open deuren hingen. 'En denk niet dat de jeugd plaats voor u maakt! Door de lossere zeden zijn ze zó arrogant geworden. In mijn tijd trokken ouders zich de opvoeding nog aan, meneer. Nu heet het dat ze vrijheid moeten krijgen. Dat is het advies van een groot Weens psychiater, naar het schijnt.' (Stilte.) 'Een Jood.' (Weer stilte.) 'Ziet u het resultaat? En hun kapsel? Van ver zou je denken dat het Arabieren zijn! En hun negermuziek! Geen wonder dat er oorlog van komt...'

Dat was zowat de enige allusie op de politieke veranderinkjes van toen. Soms werd er nog bij gezegd: 'Een beetje orde en tucht kan toch geen kwaad om de teugels weer strakker aan te halen? In dit land wordt alles te veel op zijn beloop gelaten.'

Het leven zou inderdaad geleidelijk aan veranderen. Naarmate de maanden verstreken, kwamen er meer soldaten op straat, SS'ers, de Gestapo, en minder klanten in de apotheek. Steeds minder. Waar waren ze naartoe?

In 1942, toen de repressie tegen Belgische Joden volop begon te woeden, werd mijn vader opgeroepen om zich naar de kazerne Dossin in Mechelen te begeven. Een gevolg van zijn inschrijving in het Jodenregister anderhalf jaar eerder. Gehoorzamen of niet?

Nú lijkt het antwoord eenvoudig. In iets meer dan drie maanden tijd gaven zeventienduizend Joden gevolg aan de convocatie. In Mechelen werden ze begroet door Vlaamse SS'ers, die de plaatselijke zaken behartigden voor hun Duitse collega's, en werden ze met zijn allen portvrij naar Auschwitz-Birkenau gestuurd. Maar tóén, wie kon toen vermoeden welk lot hun wachtte?

De oproepingsbrief betekende dat de bladzijde was omgeslagen. Dat besefte zelfs meneer Optimist. De zekerheden waarop hij zijn leven had gebouwd, begonnen barsten te vertonen. Het werd tijd om zijn kop uit het zand te halen. Maar het viel niet mee zijn kostuum van brave Belgische doorsneeburger af te leggen nadat hij er alles aan had gedaan om op zijn buren te lijken, dezelfde voorliefdes te ontwikkelen, het kool-en-geit-sparende betoog van de lokale politici te ontcijferen. Elke dag las hij tussen twee klanten door ostentatief *Le Soir*, de grote hoofdstedelijke krant, die nu in handen van de collaborateurs was gevallen en waarin werd weggelopen met de bezetter, afgegeven op de geallieerden en met scherp geschoten op de terroristische daden van het verzet – dat alles doorspekt met een paar antisemitische overwegingen. Bij wijze van troost verslond hij, zoals iedereen, de drie dagelijkse stripstrookjes van de avonturen van Kuifje, die achter de Geheimzinnige Ster aan ging. *Onder leiding van de jonge reporter en kapitein Haddock gaat een expeditie met Belgische, Duitse, Spaanse, Zweedse, Zwitserse en Portugese geleerden aan boord van de Aurora om als eersten de Europese vlag te planten op een meteoriet die in volle zee is neergestort. Maar een Amerikaanse bemanning die wordt gefinancierd door de gluiperige zakenman Blumenstein, betwist hun dat kostbare stukje steen uit de hemel en schuwt daarbij geen slinkse manoeuvres.*

Soms liet meneer Optimist de politiek en de dagelijkse koers van brood en steenkool links liggen, want als perfecte Brusselaar volgde hij ook gepassioneerd de knokpartijen tussen de voetballers van Union Saint-Gilloise en de ploeg van Daring Club Molenbeek, of de krachttoeren van Sylvère Maes, de laatste winnaar van de Ronde van Frankrijk, voordat de Duitsers zich meester maakten van de gele trui – en alle andere sporttrofeeën.

Hij las opnieuw de oproepingsbrief, hoorde zijn vrienden uit, probeerde tussen de regels te raden welk lot hun wachtte. Niemand wist het. Iedereen aarzelde. Moest je naar Mechelen gaan? Gehoorzamen en je laten opsluiten, met, dacht hij, gegarandeerd een paar maanden dwangarbeid? Of moest je de brief naast je neerleggen en jezelf veroordelen tot de illegaliteit of, als je werd gevat, tot de bajes of zelfs tot de dood – de bezetter is meedogenloos? Hij wendde zich tot Kuka. Ze zei: 'Wat zou een brave Belgische burger anders doen dan zich voegen naar de wet?'

'Ja natuurlijk, wet is wet', zei de wijkagent, een trouwe klant, hoofdschuddend. 'Als je weigert naar Mechelen te gaan, word je "gezocht". Elke ochtend als ik in het politiebureau binnenkom, zal ik je foto zien op de muur, naast de tronies van de andere misdadigers uit het koninkrijk, recht tegenover het portret van onze beminde koning.

"*Wanted* Chaïm Berenbaum, apotheker. Poolse nationaliteit. Dood of levend mooie beloning."

Het is niet aan een smeris een oordeel te vellen over de ernst van het misdrijf. Zelfs niet over schuld of onschuld van een verdachte. En nog minder een gevestigde wet te betwisten, zelfs niet als die onrechtvaardig is', voegde hij eraan toe terwijl hij de pillen tegen netelroos op zak stak die mijn vader voor hem bereidde, de enige pillen die hem verlichting gaven. Hij wierp een blik op straat en concludeerde dat mijn vader vijf minuten had om zijn koffers te pakken en met zijn vrouw het hazenpad te kiezen.

Deze politieman, een echte Belg met Belgische voorvaderen, heeft mijn ouders gered. Na een zwaar gevecht. Niet met mijn vader, die nauwelijks verzet bood, maar met mijn moeder.

'Eén koffer, meer niet', beklemtoonde de politieman.

Mijn moeder slaakte schrille kreten. 'En mijn taart?' vroeg ze. 'Ik heb juist wonder boven wonder aardappelen op de kop getikt en ga juist aardappeltaart in de oven zetten. Kan het niet wachten tot die gaar is?'

De smeris kon zijn oren niet geloven. Hij zwaaide de oproepingsbrief voor hun neus en drong aan: 'Jullie moeten nú vertrekken. Alles de rug toekeren. Alles. Zonder adres achter te laten. Apotheek, appartement, identiteit. Berenbaum is dood. Sowieso. Aan jullie de keuze hoe. Vooruit, mars!'

Hij en andere gemeenteambtenaren hielpen mijn ouders van gedaante verwisselen. Abracadabra! Weg Berenbaum. Foetsie. Vervangen door Janssens, brave Belgische burgers met Belgische voorvaderen tot aan de Galliërs, die onbevreesd en zonder schaamte hun spiksplinternieuwe, officieel vervalste identiteitskaart konden voorleggen, zo ambtelijk als het maar kon uitgereikt door collega's van hun redders, van de burgerlijke stand van de gemeente Jette. Die nieuwe identiteit was niet zonder ironie:

Jansens is de Vlaamse naam van de twee detectives die Kuifje vergezellen op zijn avonturen – de roemruchte collega's Dupondt van de Franse uitgave.

Mijn ware naam

Mijn ouders hadden de naam Janssens moeten behouden. De familie heeft altijd een identiteitsprobleem gehad. Mijn vader stond niet alleen argwanend tegenover foto's, hij hield bovendien zijn echte naam verborgen. Vraag me niet hoe ik heet. Ik weet het niet precies.

De jongeman met kortgeknipt gitzwart haar die op die mooie herfstdag anno 1928 uit de trein van Warschau stapt, meer ongeduldig dan zenuwachtig, heet Chaïm Berenbaum – de naam waaronder hij bij de vreemdelingenpolitie en later in het Jodenregister ingeschreven staat. Dit personage verdween in het gewoel. Toen de oorlog voorbij was, liet diezelfde man, inmiddels met wijkende haarlijn, zijn identiteitskaart voor wat die was, en de naam Jansens over aan Hergé en hij werd 'Berenboom'. Oer-Vlaamse naam? Het woord 'berenboom' bestaat net zomin als de boom zelf. Elke Nederlandstalige ziet direct dat er iets niet klopt. Berenboom is even nep-Vlaams als de goochelaar die de naam verzon.

Ook zijn oorspronkelijke voornaam moest eraan geloven. Op zijn nieuwe Belgische papieren duikt ene Hubert op, Henri voor mijn moeder en hun vrienden. Vandaar de achterdochtige gedachte die weleens door me heen ging: wat als die geheimzinnige Henri nu eens in de plaats van de echte Chaïm Berenbaum was gekomen, waarvan de onbestaande Hubert gewoon de nepnaam was? Vlak na de bevrijding was een dergelijke goocheltoer niet zó moeilijk. Maar wie is dan die Henri geheten Hubert? Welke band heeft hij met mij? En welke Berenboom is in 1979 gestorven?

Kan ik me niet beter concentreren op het lot van Chaïm Berenbaum in plaats van op zoek te gaan naar de opdrachtgevers van de moord op Hubert Berenboom?

Ik word in mijn achterdocht nog gesterkt door het opschrift op de brieven van mijn grootvader van vaderszijde, die in Maków was gebleven: 'Bernbaum'. Voeg bij dit allegaartje nog een nicht die in Chicago woont en beweerde dat ze Birnbaum heette, terwijl andere neven, die voor de oorlog naar de Verenigde Staten waren geëmigreerd, zich hadden laten inschrijven onder de naam

Barenboïm – zoals de beroemde dirigent. Maak daar maar eens chocola van! Volgens het burgerlijk wetboek draagt de zoon zijn vaders naam. Vertel me dan eens hoe ik heet. En wiens zoon ik in feite ben? Ik troost me met de gedachte dat ik van alle Berenbaums mijn vaders favoriete Berenboom ben. Berenbaum, een familie met geometrisch variabele identiteit.

Wie ben ik?

Ik had het aan mijn grootmoeder moeten vragen. Mijn vaders moeder woonde vlak na de oorlog bij ons in in België, maar ik heb nauwelijks herinneringen aan haar, want ze is toen ik zes of zeven jaar oud was naar Israël vertrokken. Daar heb ik haar ook teruggezien, één keer, toen ik naar Haifa was gereisd. Ze heette toen Perlmutter, naar haar nieuwe echtgenoot – wat de verwarring nog groter maakt. Hoe dan ook, ik verstond haar niet. Ze sprak Pools, Jiddisj en Hebreeuws, geen Frans.

Onder elkaar spraken mijn ouders Pools. Mijn vader Jiddisj met zijn oude makker Maurice. Mijn moeder Russisch met haar vriendinnen. Angstvallig zorgden ze ervoor dat ik die talen niet leerde. Alain, haal de spons over Jiddisj, Pools, Russisch! Laat zelfs Hebreeuws links liggen. Studeer Frans en leer Vlaams.

Alain moest een echt Belgje worden, de schitterende telg van hun perfecte integratie. Hij moest de wereld van daarvoor uitwissen, weer met een schone lei beginnen. Een Belgje zonder roots uit de hoed toveren. Woeste assimilatiedrang of een manier om de donkere plekken in hun verleden te verhullen?

Op een dag kreeg ik van mijn vader te horen dat ik een andere voornaam had, een voornaam 'voor de Joden', die niet op mijn papieren 'voor de Belgen' stond: Aba, de voornaam van zijn vader. De Joodse geest zit zo in elkaar dat Aba in het Hebreeuws 'vader' betekent. Door me zijn vaders naam te geven heeft hij dus ook van zijn zoon zijn vader gemaakt. Kunt u het nog volgen?

Mijn vaders naam, Chaïm, betekent in het Hebreeuws 'leven'. Het was erg verstandig van mijn grootvader en grootmoeder om hun kind zo te noemen. Die voornaam was zijn talisman. Hoe kun je anders verklaren dat hij zoveel beproevingen heeft overleefd?

Mijn vader doet me denken aan die topact van goochelaars: het nummer met het meisje dat in tweeën wordt gezaagd en

onder applaus van het publiek steevast ongedeerd uit haar doodskist stapt. Toeval? Juist die attractie maakte van Chaïm een echte
Belgische burger. Een stukje magie.

Doormidden gezaagde vrouw
blijft compleet mysterie

Terwijl ik een paar dagen na mijn vaders dood het verschoten behangselpapier lostrok in de slaapkamer van mijn ouders, vroeg ik me nog steeds af waarom ik me in dat wespennest had gestoken, omgeven door een stofwolk, met een krabber in mijn hand, tegen kilometers muur aankijkend, als Sisyphus die zijn rotsblok omhoog moet rollen. Terwijl ik een penseel, een hamer, een zaag of een spijker nog onzuiverder vond dan een rabbijn een varkenskotelet. Eigenlijk had ik het allemaal aan mezelf te danken. Tijdens de eindeloze toespraak van de rabbijn bij mijn vaders kist, vlak voor het zeggen van kaddisj, had ik mijn moeder in een opwelling beloofd het appartement een nieuw likje verf te geven. Ze was even verrast over het voorstel als ikzelf. 'Weet je het echt zeker?' Toen ik haar aarzeling merkte, drong ik aan. Wat bezielde me? Was het een manier om een uitlaatklep te vinden voor mijn schrijnende verdriet? Om de uitvaartplechtigheid te vergeten, een toekomst op te bouwen in een veiliger wereld zonder verleden, conform het credo van mijn ouders? Weer met een schone lei te beginnen?

'Morgen zal het beter gaan', had mijn vader ooit gezegd toen ik in een sombere bui was.

'O ja? En de dood, na morgen?'

'De dood? Wetenschappers geloven alleen in wat proefondervindelijk is bewezen. Niemand is ooit uit het zogenaamde dodenrijk teruggekeerd. Dus...'

'Dus wat?'

'Dus bestaat er geen bewijs voor het bestaan van de dood of voor al die naargeestige dingen.'

Nog voordat ik de spot kon drijven met die paradoxale redeneringen, voegde hij eraan toe, als om me de mond te snoeren: 'Als de dood bestond, wie zou dan nog in God kunnen geloven? Wie zou een god kunnen eren die miljarden schepselen zou hebben vermoord gewoon omdat Adam en Eva een paar vruchten uit zijn tuin hebben verschalkt?'

'Hij heeft toch uiteindelijk zijn handen van Hitler afgetrokken?' bracht ik te berde.

'Zie je wel?' triomfeerde hij. 'Hoe kun je geloven in een god die constant van held wisselt?'

Ik keek naar de rabbijn, die onder het bidden van voren naar achteren en weer terug wiebelde, terwijl hij zo nu en dan aan zijn baard pulkte om te checken of die onverbeterlijke grapjas van een Heer hem niet in volle plechtigheid had laten verdwijnen. De baardige man geloofde in God. Sommige omstanders eveneens. En ik? Over een paar ogenblikken zou ik, hoe ongelovig ook, kaddisj zeggen ter nagedachtenis van iemand die al even ongelovig was: 'Verheven en geheiligd worde Zijn grote Naam in de wereld die Hij schiep naar Zijn wil...'

Terwijl ik naar mijn vaders doodskist staarde, naar de kuil die klaarlag, naar de graven om ons heen, en beefde van planken-koorts bij de gedachte dat ik in het Aramees het dodengebed moest opzeggen zonder te blijven steken, zonder mijn familie voor eeuwig belachelijk te maken, kwam dat merkwaardige gesprek me voor de geest. En ik begon me af te vragen of mijn vader geen gelijk had. Waar was het bewijs dat de man in deze grenen kist wel degelijk mijn vader was? En dat hij dood was?

Mijn moeder reageerde terughoudend op mijn aanbod haar slaapkamer opnieuw te schilderen, in plaats van ontroerd, getroost, dankbaar te zijn. Maar ik kon niet meer terug. Ik voelde me verplicht aan te dringen tot ze uiteindelijk ja knikte. Even later, tijdens het plechtige portret dat de rabbijn schetste van iemand die Chaïm heette en voor de rest geen enkele gelijkenis vertoonde met mijn vader, vroeg ze, praktisch als altijd, wanneer ik van plan was aan de werkzaamheden te beginnen, welke kleur ik voorstelde voor de muren en vooral wie er met mij mee kwam schilderen. 'Niets kapotmaken, hè!' zei ze er luid achteraan, tot stomme verbazing van de omstanders.

De rabbijn stokte niet, ook al dachten verschillende vrienden dat mijn moeders opmerking op zijn idiote toespraak sloeg. Ze draaide zich naar me toe en ging zachtjes verder. Benadrukte dat ik absoluut een beroep moest doen op een 'vakman' (lees: een goj voor mij aan het werk moest zetten). Ze kon zich geen ogenblik voorstellen dat haar ukkie van tweeëndertig in staat was om wat dan ook op de muur te strijken zonder te verzuipen en vooral zonder het appartement dat ze maniakaal schoonhield vuil te maken. Ze had natuurlijk gelijk, maar ik zwichtte niet. Geen sprake van dat ik mijn vader definitief uit de echtelijke slaapkamer zou verbannen met een getuige erbij. Ik en ik alleen moest zijn aanwezigheid uit ons leven wissen.

Ik ontdekte dat achter het behang een laag oud krantenpapier zat. Pagina's uit het dagblad *Le Soir* uit de jaren dertig, toen mijn vader in Luik was neergestreken. Om Frans te leren las hij zijn kamergenoten Idel, een Roemeens student beeldhouwkunst, en zijn vriend Maurice, die samen met hem uit Maków was gekomen om ingenieur te worden, elke dag hardop voor uit de krant. Die kranten, voor hem de sleutel tot het nieuwe land, had hij tegen de muur geplakt.

Een titel trok mijn aandacht: een interview met koningin Elisabeth waarin ze sprak over de opvoeding van haar kinderen ('ze zitten op openbare scholen en worden op dezelfde manier behandeld als de andere leerlingen') en over de belemmeringen die ze ondervond om een artistieke carrière uit te bouwen (ze was leerlinge van violist Eugène Ysaÿe). 'Maar', voegde ze eraan toe, 'echt talent wordt altijd herkend en erkend. Zelfs als men het nadeel heeft van koninklijken bloede te zijn.' Een paar dagen later een andere titel over het gemor onder de soldaten die moesten instaan voor de veiligheid van de Senaat, waarvan de donderdagse zitting tot laat in de avond was uitgelopen. 'Dat gebeurde natuurlijk weer uitgerekend vandaag, juist op frietjesdag!' schreeuwde Jan Soldaat misnoegd. 'Laten we hopen dat de Senaat in de toekomst een andere dag zal uitkiezen om zijn ijver te ontplooien, uit begrip voor onze brave soldaatjes', besloot de journalist. Het artikel leerde mijn vader meer over de geheimen van de Belgische volksziel en cultuur dan schitterende voordrachten hadden kunnen doen.

Hoe meer papier er op de grond viel, hoe meer moeite ik had om met mijn renovatieproject door te gaan. De hele jeugd van mijn vader, zijn eerste jaren in België, trokken aan mijn oog voorbij. In die gescheurde kranten ervoer ik kriskras door elkaar de emoties die hij moet hebben gevoeld. Terwijl hij het Frans onder de knie probeerde te krijgen, werd de politieke situatie steeds zorgwekkender. 'Hitler wint Duitse verkiezingen', lezen we in september 1930. 'Wanneer de nationaalsocialistische partij de macht zal grijpen, zal een Hooggerechtshof worden ingesteld en zullen er koppen rollen', werd voorspeld. In mei 1936 gooiden de verkiezingen het Belgische politieke landschap overhoop: een fascistische partij, Rex, mocht eenentwintig afgevaardigden naar de Kamer sturen, de Vlaams-nationalisten kregen bovendien acht zetels. Op 24 oktober 1929 schoot een Italiaans rechtenstudent, Fernando de Rosa, op de Italiaanse erfprins Umberto, die in Brussel de hand van prinses Marie-José kwam vragen. De latere minister van Buitenlandse Zaken Paul-Henri Spaak nam diens verdediging op zich. 'Iedereen houdt van onze koning omdat hij zijn verbintenissen nakomt', luidde zijn pleidooi. 'Als de koning van Italië zulke fiere woorden had kunnen spreken, zou het fascisme in Italië geen wortel hebben kunnen schieten en was mijn cliënt niet hier!' Blijkbaar herstelde prins Umberto zonder noemenswaardige problemen van de aanslag, want een paar weken later verscheen in *La Petite Gazette* de volgende raadgeving: 'Als alle dames die ter gelegenheid van het huwelijk van prinses Marie-José met haar naar Italië reizen, elastische riemen dragen, zal de treinreis hen niet vermoeien. Kies uw collectie moderne kleren in warenhuis CCC, Nieuwstraat Brussel.'

Bij het vallen van de nacht was ik nauwelijks opgeschoten. Ik had de moed niet meer om naar huis te gaan en hoewel ik een brok in de keel kreeg, besloot ik in het bed van mijn ouders te slapen.

Nauwelijks lag ik of ik viel in slaap en kreeg een zonderlinge droom. De muren om me heen, met hun half afgetrokken behang, gingen langzaam open, als een toneelgordijn, en mijn vader kwam binnen. Hij trad naar voren in een chic zwart pak, met een hoge hoed, een geverniste wandelstok in zijn hand, en zong 'Boum' van Charles Trenet. Terwijl de zaal applaudisseerde, schoot ik wakker. Duizenden sterren staarden me in stilte aan door het open raam. Mijn hart bonsde. Toch hadden ze over mijn vaders slaap gewaakt zolang hij hier als uitgewekene had geleefd. Ik dronk een fles water leeg. Toen schoot me een familieverhaal te binnen, het verhaal van de magiër van Verviers.

Omdat mijn grootouders mijn vaders studie niet konden betalen, had hij werk gezocht. Met zijn gebrekkige Frans waren de mogelijkheden beperkt. Op een dag stuitte hij op een advertentie van een goochelaar die optrad in de grote schouwburg van Verviers. Hij zocht iemand die er eerlijk uitzag, met een doorsneevoorkomen, om in de zaal te gaan zitten en op te staan als de goochelaar een vrijwilliger uit het publiek vroeg aan het eind van het nummer van de doormidden gezaagde vrouw. Een neutrale getuige die de toeschouwers verzekerde dat er geen bedrog in het spel was, dat was nu eens een geknipt baantje. Mijn vaders slechte kennis van het Frans, die zoveel wegen had afgesloten, bleek deze keer een troef. Een buitenlander op doorreis stond in de ogen van het publiek garant voor onschuld.

De goochelaar vroeg: 'En, meneer, kunt u ons vertellen wat er in deze kist zit?'

'Niets', antwoordde mijn vader. 'Hij is leeg.'

'Leeg?' vroeg de goochelaar met een ongelovige glimlach.

'Nee maar,' zei mijn vader tegen het publiek, met de Makówse tongval, 'de doormidden gezaagde vrouw is weggetoverd. Goeie God, waar mag ze zijn?'

'Zonder lijk geen misdaad!' verklaarde de goochelaar en maakte een buiging voor het applaus. 'Dank u voor uw hulp, meneer. We heten onze vriendelijke getuige welkom in België. En het spektakel gaat verder!'

Gevolgd door een lichtbundel liep mijn vader naar zijn stoel terug, en daar zat de perfect weer aan elkaar gelijmde assistente, met een glimlach van oor tot oor.

De regie was erg geslaagd en de show had veel succes. Tot die ene avond... Als de assistente eenmaal was vastgebonden, legde de goochelaar haar in de kist en deed het deksel dicht. Hij pakte onder onheilspellende muziek de zaag en ging aan de slag. Het ceremonieel leek meer tijd in beslag te nemen en moeizamer te verlopen dan normaal. Toen de goochelaar weer opstond, zag hij bleek om zijn neus. In plaats van een willekeurige toeschouwer te vragen richtte hij zich rechtstreeks tot mijn vader en vroeg hem droogweg op het toneel. Bij het openen van de kist viel mijn arme vader haast in zwijm. De assistente was niet door de dubbele bodem verdwenen, maar lag in de kist, badend in het bloed, door-midden gezaagd.

'En, meneer, hebt u gekeken of er iets in de kist zit?' vroeg de goochelaar hees.

'Ja', bracht mijn vader uit.

'Leeg, hè?' zei hij meteen voor.

Mijn vader knikte alleen. Hij had zijn loon hard nodig.

'Geen lijk, geen misdaad!' besloot de goochelaar met graf-stem, en gebaarde mijn vader dat hij weer naar zijn plaats kon, waar deze keer niemand op hem wachtte.

Dat was het einde van mijn vaders artiestenloopbaan. Jaren later, toen hij intussen apotheker was, heb ik klanten vaak horen zeggen dat zijn magistrale bereidingen wondermiddelen waren, dat hij 'een echte goochelaar' was.

Ik verdacht er mijn vader altijd van dat hij dit verhaal uit zijn duim zoog, maar de dag erop stuitte ik op een vergeeld, groezelig exemplaar van *Le Soir* uit september 1939 met de paginabrede kop 'Deutsche Reich in oorlog met Polen'. Ik dacht dat mijn vader deze tragische gebeurtenis had willen gedenken en het daarom op de muur had geplakt, toen ik een artikeltje zag met blauwe potloodonderstrepingen waarin stond dat de voormalige goo-chelaar van de grote schouwburg van Verviers werd gezocht voor moord, onder de titel 'Doormidden gezaagde vrouw blijft com-pleet mysterie'.

Vreemdelingenpolitie

Door toedoen van een vriendin kon ik bij de vreemdelingenpolitie het dossier van mijn ouders inkijken, dat braaf onder in een kast van de Koninklijke Archieven lag te sluimeren. Braaf? Je hoeft het dossier maar open te slaan om te begrijpen hoe misplaatst dat woord is. Chaïm en Rebecca waren de trein nog maar uit – het was zelfs nog eerder: toen ze hun visum voor het aards paradijs, het land van friet en mayonaise aanvroegen – of al hun gangen werden nagegaan, hun doen en laten werd genoteerd, bestudeerd, gearchiveerd. Ook hun lotgevallen in Luik en Brussel werden op de voet gevolgd en net zo zorgvuldig neergeschreven en bewaard als het kunstbezit van een museum. Ontmoetingen, contacten, trefpunten, identiteit van vrienden, alles werd door de dienders nauwgezet opgetekend. Alles, behalve de precieze datum waarop de schone Rebecca de apotheek van meneer Optimist binnenwandelde. Waar waren die idiote politieagenten op het enige moment in hun leven dat het erop aankwam? Juist dat ene voorval is die dekselse Jansen en Jansens ontgaan! Waar zijn ze al die jaren in godsnaam voor betaald?

De agent met de geduchte taak mijn vader te bespioneren heette L. Porcin (welke romancier had hem die naam durven geven?). Al die jaren heeft hij mijn vader geschaduwd, zijn ontmoetingen in detail bijgehouden, de persoonlijkheid van zijn gesprekspartners nagetrokken, hun politieke opvattingen doorgelicht.

Dat een Porcin opdracht had uit te maken of mijn vader koosjer was, bewijst dat de god van de joden het minder nauw neemt met de Wet dan de rabbijnen beweren!

Heeft een of andere buurman mijn vader toegefluisterd dat de geduchte smeris een onderzoek naar hem instelde? Ik ken mijn vader, hij zou een smoes hebben bedacht om hem uit te nodigen voor het proeven van 'een lekker zoet borreltje dat ik zelf distilleer, mondje dicht' in zijn kleine laboratorium achter in de apotheek, tussen het gif en de siroop. Alleen was Porcin, zoals mag blijken uit zijn nauwgezette verslagen, er de persoon niet naar om zich in slaap te laten sussen. 'Ik heb geen dorst, dank u. Zeker niet tijdens het werk. Ik zou zelfs meer zeggen. Geen werk. Zelfs tijdens het drinken.' Een voorbeeldig ambtenaar, zoals de overheid er toen dertien in een dozijn voortbracht. En hij werd ervoor beloond. Hij hield Chaïm zo stevig in de gaten, speelde zo'n kat-en-muisspel met hem dat hij een van diens geduchtste geheimen achterhaalde: zijn band met ene Mates Catzaf.

Bij het bladeren door de vergeelde, meer dan een halve eeuw geleden met vulpen geschreven vellen voel ik een zonderlinge emotie. Terwijl mijn vader, opgelucht dat hij aan de Poolse hooligans was ontsnapt, hoog opgaf van de onbedorven sfeer van vrijheid in het heerlijke operetteland waarnaar hij was geëmigreerd, zaten de koninklijke smerissen in een hoekje te loeren op zijn geringste misstap, verdachte vrienden, sympathieën voor deze of gene subversieve politieke groepering, alles wat voldoende reden kon zijn om hem manu militari weer naar Warschau te sturen.

'Deze vreemdeling' – zo noem jij dus mijn papa, agent Porcin – 'is een boezemvriend van dhr. Catzaf.' In de kantlijn van zijn verslag wijst hij op andere bijzonderheden die een gevaar betekenen voor de stabiliteit van het land: 'De politie van Luik houdt Chaïm Berenbaum al in het oog en signaleert dat hij van tijd tot tijd onderdak verleent aan de uitgewezen Szafran Moszek.' Een zwaar geval, zoveel is zeker. 'Volgens inlichting ontvangt Berenbaum soms bezoek bij hem thuis', gaat Porcin verder.

Bij het lezen van deze verslagen moet je wel aan de wereld van 1984 denken. Orwell laakte de stalinistische terreur, die hij rond dezelfde tijd aan het werk had gezien in Spanje, waar hij zich bij de republikeinse strijders had aangesloten. Maar had hij het ook niet over de bureaucratische politiestaat die veel dichter bij huis hysterische proporties aannam? Waar zoveel brave burgers spontaan collaboreerden met de politie om haar onverzadigbare informatiehonger te stillen?

Na de oorlog werden de schaduwacties hervat. Terwijl mijn vader intussen al bijna twintig jaar in België woonde. Maar Porcin waande zich op het spoor van hét clandestiene kopstuk dat de brave Belgische burger bedreigde, en beet zich hardnekkig vast. Kijk naar deze briefkaart, die door de Brusselse kliniek Baron Lambert op 7 januari 1947 naar de vreemdelingenpolitie is gestuurd en door agent Porcin zorgvuldig in het dossier is opgeborgen. Met de melding dat Rebecca, vrouw van de verdachte, in het ziekenhuis is om te bevallen van een jongetje – dat binnenkort zal worden besneden. De informatie wordt onmiddellijk in het dossier opgetekend en met de briefkaart van de kraamkliniek op de juiste plaatst gestopt, in de registers ingeschreven, in het marmer gegrift, waar ik deze inlichting vierenzestig jaar later terug zou vinden, even kersvers als de pasgeboren baby.

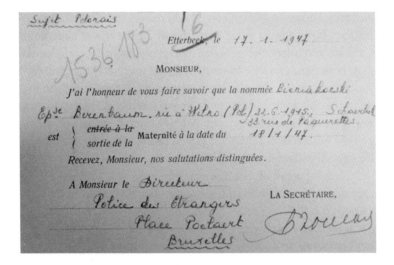

Terug naar Catzaf. Volgens de politie studeerde Catzaf, die van Roemeense afkomst was, op hetzelfde moment als Chaïm Berenbaum farmacie aan de universiteit van Luik. Agent Porcin stelt vast dat Catzaf, sinds beiden zich in Brussel hebben gevestigd, geregeld op bezoek komt in Chaïms appartement – in het verslag wordt geen gewag gemaakt van Esther, mijn vaders zus en misschien wel de reden van Mates' vasthoudendheid?

Catzaf... De naam was me onbekend, tot ik hem lang na mijn vaders dood ontdekte in de politiefiches.

Toen ik mijn vaders duivelse vriend eindelijk in andere archieven op het spoor kwam, nam ik het mezelf kwalijk dat ik ironisch had gedaan over agent Porcin. Er was geen reden om de draak met hem te steken, en met alle tijd die hij had gestoken in het onderzoek naar de twee 'buitenlandse apothekers'. In een goed gedocumenteerd boek[1] staat onder een foto van Catzaf die uit het dossier van de vreemdelingenpolitie komt het volgende onderschrift te lezen: 'In het verzet nam Mates Catzaf het pseudoniem Gorki aan.'

Al in de eerste oorlogsmaanden ging Catzaf bij de Belgische tak van de MOI, de Main-d'œuvre immigrée, die een twintigtal leden telde (voornamelijk oudgedienden van de Internationale Brigades van Spanje) onder leiding van een Bulgaarse schoenvlechter, Todor Angelov. Een geducht man met de imposante tronie van Taras Boelba in de Sovjetfilms. De MOI was een van de actiefste 'terroristische' groepen van het verzet in Brussel. Aanslagen, bommen, gerichte moorden, onder meer van verschillende Joodse notabelen die werden beschuldigd van collaboratie met de nazi's. Bijna alle leden van de groep werden door de Duitsers gearresteerd en terechtgesteld. Behalve Catzaf, een van de weinigen die wisten te ontsnappen aan de razzia van 1943, waar Angelovs groep gedecimeerd uit kwam.

Welk lot was hem beschoren na de dood van zijn kameraden? De informatie is tegenstrijdig. Volgens het boek over het wedervaren van Angelovs groep werd Catzaf aan het eind van de oorlog gevat en naar Auschwitz gestuurd. Nadat hij – God weet hoe! – het kamp van de dood en daarna de ontruiming ervan had overleefd, zou hij drie luttele weken na de bevrijding in het kamp van Ebensee zijn bezweken. Mates Catzafs naam staat ook op het onlinedocument van de Knesset (het Israëlische parlement) met de identiteit van alle Holocaustslachtoffers. Maar er bestaat ook een andere versie. Volgens een rapport uit Catzafs dossier bij de Belgische vreemdelingenpolitie zou hij de gruwel hebben overleefd (geboortedatum en -plaats, in Roemenië, zijn dezelfde als die van de Catzaf die zogenaamd slachtoffer was van de Shoah). Na te zijn teruggekeerd uit de hel zou hij in 1946 een Belgische verblijfsvergunning hebben aangevraagd, die in 1952 werd vernieuwd.

Moet daaruit worden besloten dat iedereen in meneer Optimists entourage een dubbelleven leidde? Een Catzaf die in de Holocaust is omgekomen, en zijn schim die de vernietigingskampen heeft overleefd, zoals er ook een Chaïm Berenbaum bestaat die na de oorlog Hubert Berenboom werd? En zijn moeder, Frania Berenbaum, winkelierster in Maków, die naar het getto van Warschau werd gedeporteerd en in Israël in een respectabele mevrouw Perlmutter veranderde? En ik?

Wat vaststaat, is dat de leden van de groep van de MOI allemaal communisten waren. Ik kan dus niet anders dan mijn petje afnemen voor de Belgische contraspionagediensten. Door Catzaf in 1937 al te verdenken van lidmaatschap van een subversieve beweging toonde agent Porcin zich veel pienterder dan zijn collega's Jansen en Jansens! Zonder zich van de wijs te laten brengen door de ontkenningen van Catzaf, die bij hoog en laag bleef beweren dat hij met politiek niets te maken had.

Hij schermde daarbij met getuigenissen die door 'brave Belgen' waren ondertekend en waaruit moest blijken dat hij volkomen onpartijdig was.

'Ik ben al twee jaar klant in zijn apotheek', schrijft een van hen, 'en ik heb hem nooit over politiek horen praten of een uitlating horen formuleren die de Belgen in hun eigenliefde zou kunnen kwetsen.'

Toen Catzafs piepjonge echtgenote naar Roemenië werd teruggestuurd, protesteerde hij zelf bij de minister van Justitie: 'Ze moest me verlaten... Ze is daar in haar dorp alleen, en er wordt gefluisterd dat haar verblijf ingegeven is door huishoudelijke ruzies! Mijnheer de Minister, ik verzeker u dat wij niet aan politiek hebben gedaan en nooit aan politiek zullen doen. De zware argwaan en beschuldigingen aan ons adres zijn onjuist, Mijnheer de Minister. Wij zijn het slachtoffer van een vergissing. Een onderzoek zou dat moeiteloos uitwijzen.'

Een gewone agent zou zich door deze verklaringen om de tuin hebben laten leiden. Helaas voor hem was het onderzoek toevertrouwd aan L. Porcin, en dat was geen gewone agent. 'De betrokkene is meermaals gesignaleerd in het lokaal Le Porteur, waarvan de exploitant en zijn familie communistische militanten zijn.'

In die tijd kwam wie goedkope rode tafelwijn ging drinken in het café van een rooie, automatisch op het lijstje subversieve rooien terecht. En toch, zo blijkt uit het verdere verhaal, toonde Porcin zich een fijne speurneus als hij spiedde naar het komen en gaan van de aanstaande terrorist bij diens confrater en vriend Chaïm Berenbaum – die merkwaardig genoeg zowel de nazi Tomas als de communist Catzaf in zijn appartement op bezoek kreeg – maar natuurlijk interesseerde alleen de laatstgenoemde de geheime dienst.

Mates' ironische oogjes en het spotlachje om zijn dunne lippen op de pasfoto in het dossier liegen er niet om: hij verkneukelt zich omdat hij de smerissen met zijn sussende verklaringen en zijn nepgetuigen heeft bedot. Wat vergist hij zich! Nog voordat de latere Gorki zich als terrorist zou ontpoppen, had Porcin Catzaf ontmaskerd.

Bleven Mates en Chaïm elkaar zien tijdens de Duitse bezetting van Brussel? Niets in de dossiers wijst erop. De Belgische vreemdelingenpolitie moest haar werkzaamheden helaas staken toen hun Duitse collega's het roer én de bestanden en kantoren overnamen. Heeft mijn vader geprobeerd zich bij de MOI aan te sluiten? Als antwoord op die vraag volstaat het zich de kreten van afschuw voor de geest te halen die Rebecca zou hebben geslaakt als ze er alleen al maar aan dacht dat haar echtgenoot overwoog zich af te geven met een gewapende groepering, communisten nog wel. Zelfs al zou hij met het idee hebben gespeeld, een zenuwtoeval van mijn moeder was een zoveel angstwekkender schrikbeeld dan een inval van de Duitse politie in zijn apotheek, dat hij er snel van overtuigd zal zijn geweest dat het voor zijn huishouden gezonder was gewoon door te gaan met pillen draaien in zijn laboratorium, alcohol stoken voor zijn vrienden en wondergeneesmiddelen opdienen aan zijn klanten. Als hij zich koest hield, zouden de Duitsers zich niet voor zijn onbenullige persoontje interesseren. Zo deden het ook alle buren, volgens de tactiek van 'het minste kwaad', die door de koning en de hoogste autoriteiten van het land werd aanbevolen. 'Verzet u niet. Collaboreer niet, althans voor zover het mogelijk is. Gedraag u alsof alles normaal is, en het leven op aarde zal weer normaal worden.' Een slogan die strookte met de opvattingen van mijn moeder: als kersverse immigrante nam zij spontaan de cultuur van haar toekomstige medeburgers over, waar ze nooit meer afstand van zou doen – ondanks een paar pogingen van mijn vader.

Was er een voorbeeldiger Belgisch burger dan mijn moeder? Elke politieagent zag het bij de eerste oogopslag. Toch trok ook zij Porcins aandacht...

Volgens haar dossier bij de vreemdelingenpolitie arriveerde mijn moeder in november 1938 met een visum als studente aan de Solvay Handelsschool van de Vrije Universiteit Brussel.

In het archief van de staatsveiligheid staat ook dat er bij haar visum een medisch attest zat van een arts 'handelend krachtens een mandaat van de Belgische regering en de instructies van het gezantschap van de koning in Warschau', met de verklaring dat 'ze niet lijdt aan een aandoening die besmettelijk is voor derden'. En de liefde, dokter, is dat geen besmettelijke aandoening?

November 1938? Bijna op de dag af tien jaar daarvoor had Chaïm zijn koffers op het stationsperron van Brussel neergezet, om drie maanden later in een bouwval in de rue du quai Saint-Léonard in Luik te gaan wonen. Inzake middelen van bestaan 'verklaart hij 15 dollar per maand te krijgen van zijn ouders, die gedomicilieerd zijn te Koopmansstraat 31 in Maków, in het gouvernementsdistrict Warschau'.

Geen woord daarentegen over de envelop die hij elke avond krijgt van de goochelaar van de grote schouwburg van Verviers voor zijn diensten als anonieme getuige. Weer is de enige belangrijke informatie de smerissen ontgaan. Tenzij de agent dïe hem in het theater moest schaduwen uiteindelijk door de goochelaar is uitgeschakeld, doormidden gezaagd in zijn magische kist? Abracadabra!

Reis met mijn moeder

Toen mijn moeder eenmaal haar eindexamen had gehaald aan het *lycée français* van Vilnius, wilde ze doorstuderen. Aangezien Joden geen toegang hadden tot de hogescholen van de Letse hoofdstad, schreef ze zich in aan de universiteit van Brussel, waar haar oom Harry woonde.

Zijn leven lang heeft oom Harry even verwoed de zakenman gespeeld als de politiek gehaat. Tot op hoge leeftijd hopte hij van het ene land naar het andere, doorkruiste de planeet, vluchtte voor fascisten en communisten, en zat intussen voortdurend op het vinkentouw voor die éne buitenkans om miljonair te worden. Een echte avonturier, die geloofde in zijn lotsbestemming, ergens halverwege tussen Lancelot op zoek naar de Graal en La Tulipe, de held van *Million* van René Clair, die door heel Parijs rende op zoek naar zijn verloren biljet van de Nationale Loterij.

Harry was de dubbelganger van de Amerikaanse acteur E.G. Robinson. Als hij in de jaren vijftig tijdens het Filmfestival van Cannes over de boulevard de la Croisette wandelde, stormden de mensen op hem af voor een handtekening. Zonder morren zette hij die, terwijl hij met zijn diepe stem en een dik Russisch accent '*You are welcome, baby*' bromde. Film speelde een belangrijke rol in zijn leven, lang voordat E.G. Robinson een vedette werd.

In Berlijn werkte Harry voor de UFA. Als habitué van de cinematheek tuurde ik altijd naar zijn naam, Harry Beilis, in de generieken van meesterwerken die in die tijd in Babelsberg waren opgenomen: *M – Eine Stadt sucht einen Mörder, Das Testament des Dr. Mabuse, Der blaue Engel* of *Dreigroschenoper*.

Een van zijn klussen vond ik geweldig fascinerend. De UFA had hem de Chinese markt toevertrouwd. De grote Duitse filmproducent had in de belangrijkste steden van het Rijk van het Midden, Sjanghai, Kanton, Nanking, een netwerk van bioscoopzalen geopend en hij moest die bevoorraden met de nieuwigheden uit de Berlijnse studio's, toen de evenknieën van die van Hollywood.

Om de drie maanden stapte mijn oom met zijn koffers vol filmspoelen op de trein naar Moskou. In de bolsjewistische hoofdstad gekomen nam hij de trans-Siberische trein naar Vladivostok, waar hij aansluiting had naar Peking. Na afgifte van de nieuwe films reisde hij weer terug de andere kant op, Peking-Vladivostok-Moskou-Berlijn, met de filmkopieën waarvan de exploitatie verlopen was.

Als Harry ondanks de vettige roet- en stofaanslag op de coupéraampjes en de dikke, als een lijkwade om het transport hangende locomotiefrook een glimp van het landschap kon opvangen, zag hij de stuiptrekkingen van de regio's van zijn geboorteland. Ze hadden de ineenstorting van de rijken waar ze vroeger toe behoorden slecht verteerd. Vaag afgetekende gebieden, slagvelden met nog niet geheelde littekens van de Grote Oorlog, die al klaarlagen als graf voor de volgende oorlog. In Polen, dat sinds kort weer onafhankelijk was maar onder een onzeker, wankel regime stond, werd thee geschonken, op de kaden van Minsk werden broodjes verkocht, in de Russische stationsbuffetten, met hun publiek van sjofel geklede soldaten met de rode ster, een glanzende druppel bloed op hun lompen, werd slechte wodka geserveerd. Daarna spoorde hij door het witte, bloedende Siberië, dat de bolsjewieken verwoed probeerden te veroveren, en nog later drong hij de onmetelijke gebieden van het vervallende China binnen. Ik stel me voor hoe oom Harry geboeid keek naar de voorbijtrekkende steden, de monotone vlakten, de afgetakelde spoorwegstations, de horden slecht gevoede en slecht geklede mannen, vrouwen, kinderen, die halfdood uit de oorlogschaos waren ontsnapt en meteen al verpletterd werden door de Sovjetstorm, terwijl aan de horizon de nazischaduw opdoemde. Hij was een van hen, een van de mannen die onfortuinlijk genoeg in een immens, onvast rijk waren geboren, strohalmen heen en weer geschud door een reeks onbegrijpelijke historische gebeurtenissen die wereldwijd een ware ravage zouden aanrichten. Zie hem intussen op zijn coupébankje zitten, al dagenlang eindeloos heen en weer wiegend met de schommelende trein, het kabaal van de locomotief, de knarsende draaistellen, één oog op de gloeiend hete samowaar, het andere op de Geschiedenis met een hoofdletter, die achter het treinraampje voorbijtrekt, terwijl hij ook nog zijn kostbare lading glitterdromen in de gaten houdt.

Toen Hitler aan de macht kwam, betekende dat de dood van de Duitse film: alle beroemde en talentvolle boegbeelden namen de wijk. Fritz Lang en Billy Wilder naar de Verenigde Staten, Pabst en Siodmak naar Frankrijk, Joseph Schmidt naar Nederland... en oom Harry naar België.

Zijn collega's lieten hun hele hebben en houden achter, maar hij, Harry, had in zijn bagage een echte schat meegenomen, een schitterende Berlijnse, Herta. Hij had haar leren kennen in de coulissen van Babelsberg, waar ze figurantenrolletjes speelde.

Herta leek op Marlene Dietrich. Niet zozeer in haar gelaatstrekken, als wel door haar slanke, soepele figuur, de kaarsrechte Pruisische officiershouding die ze tot op haar oude dag aannam, en vooral haar wat hese stem, met dat typische accent en die aristocratische laatdunkendheid waardoor elke Berlijnse, of ze nu verkoopster of serveerster was, de allures kreeg van een ongenaakbare godin.

Oom Harry is in de verkeerde tijd en op de verkeerde plek geboren. Hij haatte de politiek en keek neer op ideologie, was vanwege de bolsjewistische dreiging uit Vilnius naar Berlijn gevlucht, daarna vanwege de Duitse dreiging van Berlijn naar Brussel, daarna vanwege de nazi-invasie van Brussel naar Nice, daarna, toen Nice door de Italianen werd bezet, van Nice naar Montevideo, daarna, toen de communistische bewegingen in Latijns-Amerika opkwamen, van Montevideo naar Parijs. Nauwelijks was hij op de Côte d'Azur gaan wonen of er kwamen communistische ministers in de Franse regering...

'Ik had op dat moment naar België moeten terugkeren,' bekende hij me ooit, 'waar de politieke situatie zoveel veiliger is.' Hij dacht met nostalgie terug aan de gelukkige jaren in Brussel, toen hij in zijn appartement aan de Handelskaai een import-exportkantoor had opgezet. Dankzij de magie van de fax verrichtte hij wonderen. In één dag tijd deed hij wereldwijd tientallen aan- en verkooptransacties en in zijn eentje vormde hij een multinational.

's Ochtends, na het aansteken van de samowaar en het drinken van een glas gloeiende thee, kocht hij een paar ton Italiaanse spijkers, die hij een halfuur later doorverkocht aan een Pools bedrijf. Ter betaling verkocht die hem een stoeterij, die oom Harry meteen aan een Engelse firma overdeed in ruil voor een vracht rubber, die hij voordat de lading ter bestemming kwam kwijtraakte aan de meestbiedende, een Franse, Duitse of Australische onderneming enzovoorts, tot de eindkoper hem een wisselbrief of ander documentair krediet bezorgde, dat hij te gelde maakte.

Nooit ontving hij de spijkers, de paarden, het rubber waarvan hij kort de eigenaar was geweest. En als de ketting van koop- en verkooptransacties heel even was vastgelopen en hij één lading in ontvangst had moeten nemen, was hij over de kop gegaan.

Zijn nichtje Rebecca kwam als geroepen. Harry was op zoek naar een secretaresse die hij kon vertrouwen en aan wie hij zonder risico al zijn geheimen en zijn onschatbare adresboek kon prijsgeven.

Dadelijk na aankomst met de trein uit Vilnius werd mijn moeder verwelkomd in het appartement aan de Handelskaai. Oom Harry en tante Herta gaven haar een leuke kamer die baadde in het licht, uitkeek op de kade met zijn statige platanen en strategisch gelegen was tussen hun slaapkamer en het kantoortje met de fameuze fax waarmee ze fortuin maakten, vlak bij de samowaar. In dat appartement speelde zich nu haar leven af en kwam de hele planeet voorbij. Mijn moeder had er gerust voorgoed kunnen blijven, als ze op een goede dag geen medicatie nodig had gehad en een zekere apotheek was binnengelopen...

Verzet

Terwijl Hitler Europa bezette, Harry en Herta naar Zwitserland en Kuifje achter *De geheimzinnige ster* aan ijlden – waarbij hij de achterbakse manœuvres van zijn Joods-blanke tegenstanders en hun afschuwelijke baas Blumenstein steeds wist te omzeilen – doken mijn ouders van hun kant de illegaliteit in. Mijn ouders? Enfin, het echtpaar Janssens.

Mijn vader had zijn identiteit en de apotheek moeten opgeven en werd voortaan door de Duitsers gezocht. Het best had hij veilig in het appartement van een vriend kunnen onderduiken en blijven wachten tot de Joodse blanken kwamen. Maar de heer Janssens kon net zomin stilzitten als Chaïm Berenbaum en bood de politieagenten die hem verborgen hielden zijn diensten voor hun verzetsnetwerk aan. Met de afstand van de jaren kunnen we het vreemd, paradoxaal en vooral dom vinden dat een Jood die op de vlucht is en ondergedoken moet leven om uit handen van de Gestapo te blijven, voor de neus van zijn beulen door de straten van Brussel struint met zijn zakken vol valse papieren. Hoe valt zulk onverstandig gedrag te verklaren? Had mijn vader, toen hij het plunje van meneer Janssens aantrok, tegelijk meneer Berenbaums kleinburgerlijkheid laten varen? Had hij zich in zijn nieuwe rol ingeleefd zoals Humphrey Bogart in de huid van Sam Spade kruipt, of Christopher Lee in die van Dracula zodra de producer 'Stilte! Actie!' roept? Mijn vader voelde zich niet heldhaftiger dan Humphrey Bogart of Christopher Lee 's ochtends bij binnenkomst in de studio. Hij deed gewoon zijn werk. Hij verleende een tegenprestatie aan wie hem en zijn vrouw de hand boven het hoofd hield.

Het geluk is met de argelozen. Maandenlang doorkruiste meneer Optimist alle hoeken van de stad zonder te worden gepakt. Tot op de dag dat het bijna met de mazzel gedaan was. Die ochtend bracht hij, samen met de zoon van een verzetslid, nog echter dan echte valse identiteitskaarten en arbeidsvergunningen weg, toen hun tram moest stoppen voor de Duitsers. De reizigers werden gedwongen uit te stappen en netjes op een rij langs het rijtuig te staan. De valse papieren zaten in de baret van de tiener. Terwijl de soldaten de reizigers een voor een fouilleerden en steeds dichterbij kwamen, kneep mijn vader hard in het vel van de jongen, die begon te gillen en te huilen. Onder voorwendsel dat de jongen heel ziek was en moest braken, trok mijn vader hem naar de straatgoot. Nog niet goed en wel op het trottoir gekomen, begonnen ze als gekken te rennen. Tegen de tijd dat de soldaten van de verrassing waren bekomen, waren ze al ver weg. Ze baanden zich een weg door de doolhof van omgevende straten, schoten hijgend een binnenplaats in en wachtten tot het donker werd, om vlak voor de avondklok terug te keren naar het huis waar ze op dat moment onderdak hadden.

Mijn vader heeft altijd beweerd dat je helemaal niet dapper hoefde te zijn om het verzet te dienen, valse papieren weg te brengen, als terrorist te handelen. Niet dapperder dan om voor verzetsstrijders pillen tegen netelroos te maken. Je hoefde maar één ding te doen: de nazi's haten. Was hij bang om tijdens een controle of razzia te worden gevat, door een geweerschot te worden geveld, mee te moeten naar de lokalen van de Gestapo om te worden gefolterd? Natuurlijk was hij daar bang voor. Maar nog banger was hij om bevend in zijn schuilplaats te blijven wachten tot hij en zijn lieve Rebecca door een SS-groep zouden worden verrast. Als je dan toch moet sterven, koos hij liever zelf hoe. Een beetje zoals de Joden in het getto van Warschau. Die waren juist in opstand gekomen en hadden de *kolossale* Duitse macht een paar weken lang getart, waarna ze uiteindelijk met hun schamele wapens in de aanslag vernietigd werden, terwijl de nazi's hun verzetshaard huisje voor huisje, steen voor steen kapotmaakten. Uitgerekend het getto waar zijn moeder zat, waarschijnlijk ook zijn vader, zijn broer Motek en zijn zus Sara.

Sinds de oproepingsbrief om naar Mechelen te gaan had mijn vader al zijn Joodse vrienden op raadselachtige wijze zien verdwijnen. Van degenen die naar de kazerne Dossin waren gegaan, was niemand teruggekeerd. Waar waren ze naartoe? Niemand wist het, niemand wilde erover praten, wat de vraag nog beangstigender maakte. In het bestek van een paar weken waren duizenden mensen om hem heen doodgewoon in rook opgegaan. Het feit dat iemand weg is, is soms verschrikkelijker dan de aanblik van zijn lijk. Want het roept irrationele, voorouderlijke angsten wakker, voor de werking van boze krachten die niets menselijks meer hebben. Waar een paar dagen eerder nog een Levy of een Goldstein woonde, stond nu een andere naam op de bel, net als op het uithangbord van hun winkel. Alleen de verse verf getuigde nog van de realiteit. Ja, er was wel degelijk een Levy of een Goldstein geweest, zelfs al werd hun bestaan door de buurt ontkend.

Het bestaan van de dodenkampen overtrof alles wat mijn vader zich kon verbeelden of zelfs maar onbewust vreesde. Het besluit om het 'Joodse probleem' uit de weg te ruimen met de Endlösung bleef geheim. Pas veel later werd bekend waar het was goedgekeurd. Op een bijeenkomst van de nazikopstukken in Wannsee, op 20 januari 1942. Op die dag werd in twee uur tijd het lot van de Joden bezegeld. Coïncidentie: in de aflevering van 20 januari 1942 van Hergés stripfeuilleton in *Le Soir*, op het moment dat Heydrich, Eichmann en hun vrienden de Endlösung planden, hebben ook de drie protagonisten van *De geheimzinnige ster* een bespreking om af te rekenen met bankier Blumenstein en zijn fans. 'Laat me los!...' roept Haddock. 'Ik ga die lui in mootjes hakken!...'

Net zoals Hergé en de rest van de wereld kreeg mijn vader pas weet van de Holocaust toen de kampen werden geopend, verschillende maanden na de bevrijding van Brussel.

Mijn vader heeft nooit verwezen naar het lot van zijn geloofsgenoten om uit te leggen wat hij allemaal deed voor het verzet en welke risico's hij nam. Hij was het simpelweg beu te moeten aanzien hoe de Duitsers de lakens uitdeelden, de wet dicteerden, hem dwongen ondergronds te gaan, terwijl het enige wat hij wilde was: teruggaan naar zijn apotheek en naar zijn klanten, en met zijn behendige vingers pilletjes maken die hem de verdiende reputatie bezorgden de beste goochelaar te zijn van het hele oosten (van Brussel).

Het kookboek

Terwijl mijn vader moest stoppen met werken om veilig te zijn voor de razzia's, waarbij nota bene naar werkweigeraars werd gezocht, stortte mijn moeder zich tijdens hun twee ondergrondse jaren op een vreemde bezigheid: ze werkte aan een manuscript van bijna tweehonderd pagina's, drie schoolschriften vol, dat ze bij elke verhuizing meenam, samen met de formulieren van haar verloren koffer – ze moesten voortdurend van schuilplaats veranderen vanwege nieuwsgierige buren, geruchten, verklikkingen. Niet alleen mijn moeder was besmet met het schrijfvirus. Dat laatste leek wild om zich heen te grijpen, getuige de massale hoeveelheid brieven waarin zoveel brave Belgen de bezetter meldden dat er in hun paradijselijke hoekje buren woonden of waren komen wonen die niet erg koosjer waren. Helaas gaat het om een goeddeels anoniem gebleven oeuvre. In een land van kathedraalbouwers, waar bescheidenheid de grootste deugd is, kun je om bepaalde tradities niet heen.

Het boek van mijn moeder is geen schitterende of tragische fictie waarin ze was weggevlucht. Het is evenmin haar levensverhaal, op een papiertje in een fles, haar manier om vóór haar arrestatie nog een spoor van haar bestaan na te laten. Mijn moeder, de vrouw van meneer Optimist, geloofde rotsvast in een stralende toekomst waarin ze met haar man aan een koninklijke dis het einde van oorlog en ontberingen zou vieren. Als voorbereiding schreef ze een kookboek. Daarmee maakte mijn moeder haar dagen zoek, opgesloten in appartementen van vrienden, met strikt verbod haar neus buiten de deur te steken. Een verzameling zorgvuldig geordende recepten, te beginnen met twaalf bladzijden soep, (koude) hors-d'oeuvres, warme voorgerechten, gevolgd door vlees- en visgerechten, groenten, salades en sausen, met als klapstuk en kers op de taart twintig pagina's nagerechten.

'Bruineer een beetje vet en drie varkenskarbonaden in een pan. Neem uit de pan en houd warm. Voeg in dezelfde pan de fijngehakte ui erbij en bak glazig. Bestrooi met bloem om te binden tot saus. [...] Paling wordt meestal panklaar, gevild en schoongemaakt verkocht. Het volstaat de vis meermaals in water te wassen.

[...] Voor engelwortelgebak hebt u nodig: 300 g bloem, 3 eieren, 150 g boter, 200 g suiker en engelwortel (facultatief). Meng de bloem en de suiker met natriumbicarbonaat en een glas engelwortellikeur. Maal alles fijn en maak een smeuïg deeg [...].'

Terwijl mijn vader op zwart zaad zat en wanhopig naar eten zocht, beschreef mijn moeder in geuren en kleuren gerechten die ze met geen mogelijkheid kon klaarmaken. Eerst dacht ik dat ze dit deed in een opwelling van nostalgie, als souvenir aan de gezinskeuken van Vilnius. Maar bij lectuur blijkt niet één recept herinneringen op te roepen aan de traditionele Joodse of Russische keuken, tenzij gevulde karper – 'op Joodse wijze', stipt mijn moeder nog aan – alsof mevrouw Janssens zich liever wat distantieerde van de exotische keuken. Integendeel, de bundel is een nadrukkelijke ode aan de gastronomie van haar gastland. Was dat haar manier om zich aan de lokale bodem aan te passen? Om, als de politie binnenviel, met het manuscript in de hand aan te voeren dat ze aan het verkeerde adres waren als ze naar vreemdelingen zochten? Haar manier om van de lokale cultuur te proeven, te dromen? In hun benarde situatie konden mijn ouders niet eens de tomatensoep maken waarmee het manuscript begon. Laat staan de ragout van lamsbout, de ossentong met salpeter, de gestoofde rog of de taart van de Goliath van Aat, met gemalen amandel, druiven, een liter melk en suiker naar believen.

Tijdens een van zijn expedities botste mijn vader in de kelder van een leegstaand huis op een ware schat: een vat pekelharing, goed voor een paar weken levensonderhoud. Ik zie het voor me. Mijn moeder leest hardop een paar smakelijke bladzijden uit haar boek, terwijl mijn vader nog een stuk haring en tussen elke hap een slok water neemt. Zonder haar het zwijgen op te leggen of haar te beletten deze verboden, onbereikbare geneugten op te sommen.

Hoofdschuddend luistert mijn vader naar de gastronomische toekomst die mijn moeder hem voorhoudt. Maar bij meneer Optimist begon de twijfel te knagen. Hij had het voorgevoel dat er in hun eetkamer nooit één van de door mijn moeder beschreven gerechten op tafel zou komen. Trouwens, binnenkort zou er geen eetkamer of tafel meer zijn. Tot op dat moment waren ze alleen maar aan de razzia's ontsnapt door schaamteloos geluk – geluk dat hun al één keer bijna was ontvallen. Een paar weken tevoren hadden ze zich maar op het nippertje uit de voeten kunnen maken. Een vriendin die hen verborgen hield, de dochter van een socialistische afgevaardigde, had tijdens het boenen van de vloer een zwarte auto voor het huis zien parkeren. Ze hadden haar horen roepen en waren door de achtertuin weggevlucht, terwijl de nazi's aanbelden. Maar hoeveel tijd restte hun nog voordat de Gestapo in hun nieuwe schuilplek zou neerstrijken? Toch moest mijn vader, kauwend op zijn haring, toegeven dat Rebecca de beste remedie tegen zijn onreddering had gevonden: voorlezen uit haar manuscript. Dromen van heerlijke gerechten, zonder het risico op indigestie. Avondenlang al die onwaarschijnlijke gerechten, al die sausen en crèmes de revue laten passeren zonder er hun buik van vol te krijgen. In onze familie ging het plezier altijd door het hoofd.

Mijn vader mocht de bekrompen, obscurantistische opvoeding van zijn vader dan wel hebben verworpen, de kern had hij zonder het goed te beseffen bewaard: de cultus van het woord. Het woord, Gods geschenk aan de mens. Mijn moeders boek was dan ook een godsgeschenk.

Vlaamse karbonaden

Wat kwam er van haar culinaire talent terecht toen de oorlog eenmaal afgelopen was? Mijn moeder was ervan overtuigd dat de bereiding van gerechten een even vast ritueel en een even strikte volgorde kende als de hoofdstukken van haar kookboek.

Zondag kip met appelmoes, maandag blinde vinken, dinsdag balletjes in tomatensaus, woensdag Vlaamse karbonaden enzovoorts. Geen haarbreed week ze ervan af.

Vertelde onze slager op een woensdagochtend ontdaan dat er geen mager rundvlees was geleverd, dan versmaadde ze de koninklijke biefstuk die hij haar presenteerde, en liep alle andere slagers van het koninkrijk af op zoek naar de onontbeerlijke ingrediënten voor haar karbonaden. Achter de gewichtigheid en de samenstelling van haar menu's zat een politiek plan. Ze had besloten dat ik België binnen moest komen door de keuken. Via de maag zou ze van mij een rasechte Belg maken.

Wat voor zin had het dat ze een boek van tweehonderd pagina's bij elkaar had geschreven, een schatkist boordevol recepten, het ene nog verrukkelijker dan het andere, als ze elke week dezelfde maaltijden samenstelde, zonder één keer verrassend uit de hoek te komen? Nooit heb ik (of mijn vader) van het extravagante lekkers geproefd dat ze achter de gesloten luiken van haar schuilplaats bekokstoofde terwijl de Duitsers door de straten beenden. Van alle gerechten die ze zo lekker beschreef, hield ze alleen de voedzame kern over: een beperkte, degelijke kaart zonder capsones, een onveranderlijke, maar door en door Belgische kaart, waaruit bleek wat een tovenares ze door de omgang met haar man was geworden. Als ze in alle keukens van het koninkrijk de plak had mogen voeren, was het nooit bij de Vlamingen opgekomen zich van de Walen te willen losmaken.

Wanneer ik van school kwam, waaide me op straat een heerlijke lucht tegemoet, een geur van saus, kruiden en specerijen. Het had geen zin dat ik aan een boeiend relaas van mijn ochtend begon. Druk in de weer achter het fornuis gebaarde mijn moeder me te zwijgen. Sst! De tijd hield zijn adem in. Dit was het cruciale moment waarop ze haar houten lepel in de pan stak en met gesloten ogen proefde wat ze had klaargemaakt. En altijd dezelfde grimas trok, of het gerecht nu klaar, overgaar of nog niet naar haar zin was. Daarna draaide ze zich naar me toe en monsterde me van top tot teen om te kijken welk verwijt ze me die dag zou toedienen: je schoenen! Je hebt je schoenen niet uitgedaan! Je haar? Hoeveel maanden heb je het al niet meer gewassen? En je handen? Die zitten vast onder de microben!

Mijn moeders hebbelijkheid me een schuldgevoel te bezorgen was de enige trek die ze gemeen had met de clichés over Joodse mama's. Voor de rest zei ze weinig, had ze een hekel aan ronkende zinnen en exposés. Behalve een kleine kring (waarmee ze contact had om mijn vader te plezieren en canasta te spelen) en een paar vriendinnen met wie ze 's middags een kop koffie ging drinken, had ze slechts twee liefhebberijen: haar appartement opruimen en in een boek duiken. Hoe ik haar ook uithoorde – ik heb het niet lang volgehouden – nooit vertelde ze over haar ouders, noch over haar joodse geloof, noch over Letland, noch over Israël, het favoriete gespreksonderwerp van mijn vader. Boven alles verkoos ze de stilte, Tolstoj en Koestler. Na me Vlaamse karbonaden te hebben gevoerd. Hoorde ik echt bij die familie?

De kampen des doods

Zoals bijna iedereen hoorden mijn ouders pas van de gaskamers toen de oorlog voorbij was. Tijdens de bezetting dachten ze dat de razzia's bedoeld waren om Hitlers oorlogsmachine draaiende te houden en de Joden weg te halen uit het nieuwe Reich. Dwangarbeid in de Duitse fabrieken en voor ouderen en kinderen ongezonde gevangenenkampen ergens in de ijsvlaktes van het Oosten. Nooit, zelfs niet in hun ergste nachtmerries, hebben ze enig idee gehad van het lot dat hun wachtte als de Gestapo hen bij de lurven had gevat.

De beelden van de bevrijding van de kampen door het Amerikaanse leger overvielen hen. In kranten en filmjournalen ontdekten ze de grauwe, onduidelijke, eerst onbegrijpelijke en daarna onaanvaardbare foto's van de als vuilnis op elkaar getaste lichamen, onwaarschijnlijke, onmenselijke lijken, stofjes uit een andere planeet, weerzinwekkende hopen met massa's persoonlijke voorwerpen: brillen, gebit, pluchen beesten, half verkoold. Die afvalberg, de laatste, vernederende overblijfselen van een voor altijd verdwenen volk. Het volk van het Boek der Boeken bestond alleen nog op papier.

In mijn jeugd was ik verslingerd aan een reportagereeks in *Paris Match* met prachtige foto's en als titel: 'L'Homme, d'où vient-il?' (Waar komt de mens vandaan?) Ik was diep onder de indruk van de ontdekking van verdwenen mensenrassen. Maar wat me het meest boeide, was het virtuoze meesterschap waarmee antropologen erin slaagden een verdwenen wereld en hele volksstammen op basis van een paar botten, een hoopje werktuigen, een paar juwelen te reconstrueren. De neanderthaler, de homo erectus, de mens van Spy en hun lieftallige behaarde dames verrezen als bij toverslag, even springlevend als dinosaurussen op het glanspapier van mijn tijdschrift, vrolijk op hun prooi afstappend zonder er erg in te hebben dat ze eigenlijk al miljoenen jaren dood waren. Konden de zes miljoen Joden die veel recenter waren verdwenen, maar wier overschotten zich ongeveer in dezelfde toestand bevonden als die van deze verre voorouders, niet evengoed als bij toverslag tot leven worden gewekt?

Over voorouders gesproken, ik vroeg me af of er in het holentijdperk al een verschil bestond tussen Joden en anderen. Een dekselse vraag, waarop *Paris Match* het antwoord schuldig bleef: hoe maak je bijvoorbeeld het verschil tussen een Israëlische neanderthaler en zijn gojse neef? Voor de homo erectus daarentegen begon me het een en ander te dagen.

Toen mijn vader eenmaal zijn vrijheid terug had, hield hij zich meer met het lot van zijn familie bezig dan met de religie van onze verre voorouders. Meneer Optimist had de moed niet helemáál laten zakken. In zijn plaats zou iedereen geprobeerd hebben alles te vergeten, de bladzijde om te slaan, een nieuwe toekomst op te bouwen. Hij niet. Hij bleef ervan overtuigd dat zijn familie niet in de Holocaust was omgekomen. Iedereen was eraan behalve zij. Was hijzelf niet het levende bewijs dat je het leven er afbrengen kon?

Frania's terugkeer

Na het einde van de oorlog ontfermde het Rode Kruis zich samen met tal van andere organisaties over de miljoenen vluchtelingen die na het uiteindelijke wegtrekken van de nazivloedgolf aan hun lot waren overgelaten, als schelpen die door de zee vergeten zijn. Bevolkingen die waren verplaatst, kampgevangenen die waren bevrijd, burgers en militairen die verdwaald, verdreven of op de vlucht waren, zonder dak boven hun hoofd en zonder eten. Europa had iets van een streek die getroffen was door een aardbeving met een kracht van 9 op de schaal van Richter. Mensen moesten worden ondergebracht, gevoed, verzorgd, gekalmeerd, gerepatrieerd. En begraven, almaar door, want sommigen zouden in de maanden na de bevrijding nog sterven. Overal, op huizen die overeind waren gebleven, vervallen muren, palen, houten borden hingen affiches, vellen papier met de namen van personen die zoek waren. Wanhopige oproepen aan mensen die in de storm waren verdwenen en voor het merendeel niet meer boven water zouden komen. Onder een naam soms de foto van een man of vrouw, glimlachend, goedgekleed, gekiekt vóór de ravage. Een nutteloos portret, want geen overlevende vertoonde ook maar een vage gelijkenis met de mooie zwart-witfoto die zijn naasten van hem of haar hadden bewaard. Als witte kiezelsteentjes strooiden mensen via vluchtelingenorganisaties zulke berichten uit over een vader, moeder, broers of zussen van wie ze elk spoor bijster waren. De bewoners van het pand dat de laatste verblijfplaats van de vermiste was geweest – als dat niet door een bom van de kaart was geveegd of door tanks was verwoest – wisten niets over de vorige huurders.

Meestal was geen verblijfplaats meer bekend. En dus geen buren, middenstanders of ambtenaars die enige informatie hadden kunnen geven. Wat kon mijn vader dan hopen? Warschau was met de grond gelijkgemaakt, meer dan tachtig procent van de Poolse Joden was naar de kampen des doods gestuurd, tot stof vergaan. Toch hield mijn vader mordicus staande dat zijn familie weer tot leven zou komen. Hij vertrouwde van nature op de eindeloze kracht van magie. En weer had hij gelijk. Na veel zoeken, navragen, tot vervelens toe blijven aandringen bij het Rode Kruis werd mijn grootmoeder Frania teruggevonden, rondzwervend in Warschau of wat ervan over was nadat de Duitse razernij daar had huisgehouden – terwijl de lakse Sovjets vanaf hun kamp aan de andere kant van de Wisła met een fles wodka toekeken tijdens het bloedbad en de verwoestingen in de Poolse hoofdstad.

Meer dan één wens zat er voor mijn vader niet in: al zijn andere familieleden waren van de aardbodem verdwenen, zijn vader Aba, zijn broer Motek, zijn lieve zus Sara, zijn ooms, tantes, neven, nichten.

Een paar maanden voor de opstand in het getto was Frania door de riolering ontsnapt. Ze had werk gevonden bij boeren, die zich verkeken op haar blauwe ogen, haar lichte huidskleur en haar blonde haren. Hadden die boeren vermoed dat ze Joods was, dan was de kans groot geweest dat ze haar hadden weggejaagd en misschien aan de Duiters hadden verklikt. Choqueer ik u? Ik permitteer het me zomaar om enerzijds de Russen in een paar zinnen neer te sabelen en hun cynisme tegenover het Poolse martelaarschap te laken en anderzijds de Polen weg te zetten als een stelletje antisemitische moordenaars en met geen woord te reppen over hún leed, de tol die ook zij aan de wrede nazi's moesten betalen, de moed die de meesten van hen toonden tijdens de oorlog en ook erna, onder het Sovjetjuk. Heb ik zomaar het recht om een-twee-drie te decreteren wie de goeden en wie de slechten zijn, even ongenuanceerd als mijn vader en mijn moeder dat deden? In die termen spraken ze inderdaad over de Russen en de Polen (en de Oekraïeners en de Letten). Zij hebben het excuus dat ze de haat van de Duitsers, Polen, Russen aan den lijve hebben ondervonden, zoals dat heet. Maar ik? Geen Duitser heeft me ooit beledigd, geen Rus, geen Pool, zelfs geen Let. Nooit heeft iemand van hen me bestolen of zelfs maar gesneden bij het inhalen. De enige die me ooit voor 'vuile Jood!' heeft uitgemaakt, was een brave Belg, een vriend, dat dacht ik tenminste, een telg van dat flinke volk dat mijn ouders zo op handen droegen. Met welk recht vel ik dus zo'n ongenuanceerd oordeel over die volkeren – die zelf ook door de storm zijn verwoest? Waarom breng ik die historische gebeurtenissen trouwens ter sprake als het alleen maar in mijn bedoeling ligt de bescheiden levensloop van mijn ouders te reconstrueren?

Ik had heel graag het radicale oordeel van mijn ouders kunnen tegenspreken door me te beroepen op de geschiedenis. Zelfs al leefden de Joden op zichzelf, zelfs al probeerden ze hun identiteit, hun rituelen, hun gebruiken te bewaren, zelfs al trouwden ze onder elkaar, toch ontkwamen ze niet aan de invloed van de volkeren waartussen zij leefden en waarvan zij de cultuur en het wereldbeeld in zich opnamen. Zet Poolse, Marokkaanse, Egyptische, Jeminitische, Franse, Portugese Joden samen. Wat ziet u? De staat Israël, dat wil zeggen een plek waar ieder alleen vindt wat hij zelf heeft meegebracht, met andere woorden een flinke rotzooi! De geschiedenis van de Polen, hun verhouding tot God, hun manier van eten, hun muziek, hun temperament, hun overdrijving, hun vrijheidsliefde, hun waanzin, dat alles heeft de Joden getekend, even sterk als de wodka, wat ze ook mogen beweren. En dan hebben we het nog niet over vriendschappen, gevechten, liefde en haat. Dat elk van mijn ouders me anders heeft opgevoed, had er ook mee te maken dat mijn vader Pools was en mijn moeder Russisch. Wat ze in werkelijkheid over de Polen dachten, was waarschijnlijk genuanceerder dan wat ze over hen zeiden. Niet toevallig zat er in de familiepapieren tussen de laatste kaartjes van zijn zus Sara en de brieven van zijn moeder Frania een Poolse tekst.

My, Żydzi polscy ('Wij, Poolse Joden'), in 1945 geschreven door een van de beroemdste Joodse dichters van toen, Julian Tuwim.

[...] En ik hoor de vraag al: 'Hoezo – wij?' De vraag komt niet uit de lucht vallen. Ze is me gesteld door Joden tegen wie ik altijd heb gezegd dat ik Pools was, en daarna is ze me gesteld door Polen voor wie ik een Jood ben en altijd zal blijven. Hier is het antwoord voor de enen zowel als voor de anderen.
Ik ben Pools omdat dat me bevalt. Zowel Polen als Joden, evengoed als mensen van andere volkeren, verdeel ik onder in wijzen en stommerds, fatsoenlijken en dieven, slimmeriken en dommeriken, interessanten en saaien,

kwetsenden en gekwetsten, gentlemen en niet-gentlemen,
enz. De Polen deel ik ook in in fascisten en antifascisten.

Waarna hij uitlegt waarom hij zich in hart en nieren Pools voelt en
daar trots op is. Tussen de vele rationele en irrationele, ernstige en
absurde, grootsprakerige en ontroerende redenen die hij noemt,
schrijft hij:

> Ik ben Pool omdat ik in Polen ben geboren en getogen,
> omdat ik er ben opgegroeid en grootgebracht, omdat ik in
> Polen gelukkig en ongelukkig ben geweest, omdat ik,
> emigrant, terug wil naar Polen, zelfs al zouden me elders
> paradijselijke genoegens worden beloofd.
> Pools, want er zit in mij een sentimenteel bijgeloof dat met
> geen reden of logica kan worden verklaard, en na mijn dood
> wil ik worden opgeslorpt, opgezogen door de Poolse grond,
> en geen andere.
> Pools, want zo is het me in het Pools gezegd in mijn
> ouderlijk huis; want ik ben sinds mijn kindertijd met die taal
> gevoed; want mijn moeder heeft me Poolse liederen en
> gedichten geleerd; want mijn eerste poëtische
> zielenroerselen vonden in Poolse woorden hun uitdrukking;
> want wat in mijn leven het belangrijkst werd – dichterlijke
> creativiteit – is in een andere taal ondenkbaar, al zou ik die
> perfect spreken.
> Pools, omdat ik in het Pools lucht gaf aan mijn onzekere
> gevoelens bij mijn eerste liefde, en in het Pools het geluk en
> de stormen van die liefde heb uitgestameld.

Hij gaat verder met:

> Maar ik ben ook Jood. Jood, door het vergoten bloed, door
> de davidster op de armbanden van de gettobewoners.
> Wij, die in gaskamers zijn verstikt en van wie zeep is
> gemaakt – zeep waarmee noch onze bloedsporen, noch de
> stigma's van de zonde die de wereld tegen ons beging, zal
> kunnen worden uitgewist.

Wij, met onze hersenen die openspatten op de muur van
onze armtierige woningen en op de muur waartegen we
massaal werden gefusilleerd, alleen omdat we Joods waren.
[...]
Wij, opnieuw in catacomben – in bunkers onder de
straatstenen van Warschau, terwijl we door de stinkende
riolen waadden en onze metgezellen – de ratten – verrasten.
Wij, met het geweer in de aanslag op de barricaden, in de
ruïnes van onze huizen die vanuit de lucht werden
gebombardeerd; wij, soldaten van vrijheid en eer [...].

Is het niet merkwaardig dat mijn ouders deze tekst bij hun kostbaarste familieherinneringen hebben gevoegd, in dezelfde doos
als het formulier van de Franse spoorwegen dat garant stond voor
de aflevering van hun eigenhandig aan de zorgen van het station
van Boulogne toevertrouwde koffer?

Na het einde van de oorlog is Julian Tuwim naar Polen teruggekeerd en heeft hij een paar odes neergekrabbeld als hulde aan
Stalin – een verplichte oefening waarvoor zoveel andere schrijvers zijn gezwicht, ook schrijvers die, zoals Éluard of Aragon,
deze blijk van trouw aan het Vadertje der Volkeren helemaal niet
hoefden te geven om hun eigen leven te redden. Mijn ouders
volgden Tuwims voorbeeld niet na.

Ze verbraken de banden met hun geboortestreek en kozen
voor radicale *verbrusseling*. Hebben ze geaarzeld? Zoveel dingen
verbonden hen nog met het land van hun jeugd, de taal, de geuren, de geluiden 's nachts, het gefluister van vrienden, van het eerste liefje dat ze in hun armen hadden gehouden. Was het om die
bijna onlosmakelijke betrokkenheid niet te verbreken dat ze me
nooit over hun nostalgie, over Maków of Vilnius hebben verteld,
en integendeel juist het antisemitisme van hun landgenoten op de
hak namen zonder één verzachtende omstandigheid in acht te
willen nemen?

Waar is het goed voor hun de les te lezen of hun vooroordelen
dood te zwijgen? Ik heb beloofd u hun woorden onopgesmukt
voor te schotelen – de enige manier om ze trouw te blijven. Niets
meer. Ook al had ik mijn vader liever beschreven als een toon-

beeld van verdraagzaamheid, als open, intelligent, zachtmoedig, de Griekse *kalos kagathos*, in het Jiddisj *mensj* genoemd. Een *mensj* was hij, dat verzeker ik u. Zijn karikaturale oordeel over zijn landgenoten beantwoordt perfect aan wat hij zei, maar ongetwijfeld niet aan wat hij dacht, gezien het belang dat hij toekende aan Tuwims tekst.

Nu moet ik erbij zeggen dat mijn vaders wantrouwen tegen de Polen mijn grootmoeders redding is geweest. In zijn verbetenheid om zijn moeder aan hun klauwen te ontrukken stelde hij alles in het werk om haar zo snel mogelijk naar België te laten overkomen. Een wijze voorzorgsmaatregel, aangezien de Polen amper van de Duitse terreur waren bevrijd of sommigen begonnen het handjevol Joodse overlevenden dat naar hun vroegere dorpen was teruggekeerd af te maken, omdat het zogenaamd allemaal hún schuld was, de meedogenloze nazi's, Gods wreedheid en de problemen om fatsoenlijke wodka te vinden. Boontje kwam om zijn loontje: toen de Polen van de Joden af waren, kregen ze de communisten op hun dak, waardoor de kwaliteit van de wodka aanzienlijk verbeterde, maar niet hun lot.

Op het ogenblik dat de PZPR (de Poolse Verenigde Arbeiderspartij) de macht in Warschau veroverde, maakte mijn grootmoeder in Brussel de geboorte van haar kleinzoon mee. Op de paar foto's van haar verblijf in België houdt ze me trots voor de lens, met een lieve glimlach die nauwelijks haar ware aard kan verhelen: gedecideerd, energiek, wilskrachtig. In staat bergen te verzetten, uit het getto van Warschau te ontsnappen, de nazi's te overleven. Het samenleven met mijn moeder moet niet van een leien dakje zijn gegaan. Dat blijkt uit deze korte passage uit een brief van mijn moeder aan haar man toen ze in het Zwitserse Davos was voor een behandeling: 'Vertel je moeder niet dat ik een horloge voor haar heb gekocht, dan blijft het een verrassing.' En na deze sympathieke inleiding: 'Je moet niet in elke brief benadrukken dat ik haar eeuwige dankbaarheid verschuldigd ben; ik waardeer haar wel, hoor.'

Hoe hield mijn vader zich staande tussen twee vrouwen die vastbesloten waren hem op tijd en stond flink de waarheid te zeggen en het huishouden van Berenbaum-Berenboom te bestieren?

Hij moet soms hebben gedacht dat het minder slopend was tegen de nazi's te vechten. Na zoveel beproevingen en de harde terugkeer naar de naoorlogse werkelijkheid kwam hun relatie in zwaar weer terecht.

'In het algemeen ben ik over je brieven niet te spreken', schrijft ze mijn vader nog, uit de hoogte, op haar Zwitserse berg. 'Je geeft nooit antwoord op mijn vragen. Als je eens wist hoe ik naar je brieven uitkijk, dan zou je wel wat meer moeite doen. Als ik lees wat je schrijft, heb ik de indruk dat je niet van me houdt en me niet eens mist', verklaart de geliefde ongezouten, waarna ze de moeder in haar aan het woord laat, die al even grondige redenen heeft om ontevreden te zijn: 'En nooit vertel je me hoe het gaat met Alain; je zou me toch wat plezier kunnen doen en vaker over hem kunnen schrijven. Afijn, ik zie hem binnenkort met eigen ogen.'

Het mag duidelijk zijn: dit verblijf in Zwitserland heeft niet alleen gediend om Rebecca weer gezond te maken. Ze heeft de gelegenheid aangegrepen om de zaken scherp te stellen. Met dank aan Willem Tell! En erop te wijzen dat ze nooit een onderdanige vrouw zal zijn die siddert bij de gedachte haar man te verliezen. Liever tart ze hem: ze is zich maar al te goed bewust van haar macht.

Terwijl ze op enkele honderden kilometers van Brussel herstellende is, werkt haar man hard en past met behulp van zijn moeder op de jonge baby. Maar, signaleert Rebecca, zij en zij alleen is de spil van hun leven. Zal ze in één moeite door een tipje oplichten van de sluier over haar liefdesleven? Zodat ik achterhaal welk type zij was in de liefde? Dat dacht je maar! Ze neemt niet eens de tijd om na haar tirade van verwijten op adem te komen en stoomt door zonder een nieuwe regel te beginnen: 'Vraag Jeanne of ze het rode kleedje op de commode in de slaapkamer wil wassen.'

Komt ze aan het einde van de brief in een hartstochtelijke slotzin terug op haar teleurstelling, haar persoonlijke gevoelens? 'Tot gauw', schrijft ze haar man koel. 'Kusjes voor Alain.' En: 'Groeten aan iedereen.' Lees: aan haar schoonmoeder en Jeanne, het dienstmeisje.

Ik heb tevergeefs gezocht. In geen van de teruggevonden brieven (een dertigtal, verspreid over twintig jaar, allemaal van mijn moeder, niet één van mijn vader) komt ook maar zijdelings ter sprake hoe het met hun verhouding staat. Al die epistels zijn even onsensueel als het schrijven uit Davos. Geen zin, geen woord waar het hart sneller van klopt.

Wat is hun overkomen? Na de coup de foudre van hun eerste ontmoeting en een huwelijk uit liefde hebben ze getweeën het hoofd geboden aan de nazi's, aan hongersnood, aan angst, aan collaborateurs. Is mijn vaders liefde bekoeld door de bevrijding? Of toen hij ontdekte welke gruwelen waren begaan terwijl hij met zijn geliefde Rebecca onderdook? Mijn vader was altijd erg beschroomd, maar het heeft er alle schijn van dat de schimmen van de doden elke uiting van liefdevolle gevoelens in hem hebben gesmoord. Mijn belofte getrouw zal ik niet proberen te gissen wat mijn vaders antwoord is geweest op mijn moeders oproep, en hoe hij haar een paar dagen later bij haar terugkeer uit Zwitserland heeft begroet. Ze hebben nog dertig jaar samengeleefd, zonder elkaar ooit te verlaten, behalve tijdens de vakantie. Ik weet het. Het wil niets zeggen. Er kunnen duizend andere redenen zijn waarom ze niet uit elkaar zijn gegaan.

Na het versturen van deze brief (donderdag 25 maart 1948 of 1949) werd deze zaak voorgoed gesloten. Rebecca roerde dit onderwerp nooit meer schriftelijk aan. Had ook haar hart zich gesloten? Dat is haar geheim. Ze nam het mee in haar graf.

De fanfare van Maków

Frania overleefde het getto van Warschau, haar man niet. Aba verdween, God weet waar aan honger of ziekte bezweken. Als echtgenoot, als vader, als mens, als slachtoffer van barbaarse wreedheid werd hij betreurd. Maar naarmate de tijd verstreek en mijn vader zich nu en dan iets half vertrouwelijks tegen me liet ontvallen, werd het beeld van de familie troebeler. Frania kon niet opschieten met haar man. Het huwelijk was opgelegd door haar familie, terwijl ze van iemand anders hield – een neef, met wie ze tientallen jaren later is getrouwd. Als mijn vader het tegen mij over zijn vader had, probeerde hij zijn nostalgie, zijn droefenis, zijn woede over diens verschrikkelijke dood voelbaar te maken, maar kon hij ook niet verbergen dat ze het door diens kwezelachtige, halsstarrige conservatisme vaak met elkaar aan de stok hadden gekregen. Lag daar een van de échte redenen van zijn vertrek naar België? Chaïm was er in ieder geval niet rouwig om dat hij uit Maków was weggegaan.

Aba heerste over zijn vrouw, zijn twee zoons en zijn twee dochters in naam van principes uit een andere tijd, die hij als eeuwigdurend beschouwde. 'Wees gezond', schrijft hij aan zijn kinderen in België in november 1938. 'Wat de zaken betreft, alles ligt in Gods hand. De weggebleven klanten zijn teruggekomen.' Terstond neemt hij zijn rol van pater familias weer op en voegt eraan toe: 'En stuur me onmiddellijk een brief met concrete antwoorden op mijn vragen, zonder bevliegingen.'

Ik zou het ook niet goed hebben kunnen vinden met een man die een hekel had aan *bevliegingen*.

Anders dan mijn moeder, die geboren en getogen was in Vilnius ('het Jeruzalem van het Oosten', een schitterende stad met barokke kerken, een vermaarde universiteit, een mooie kathedraal, een intellectuele hoofdstad van het formaat van Berlijn, Parijs en Londen) moest baby Chaïm het wat landschap betreft stellen met een modderig gehucht in de regio Warschau. Zijn grootvader was boer en zijn vader, Aba, had een winkel geopend waar alles te vinden was wat een dorpeling nodig heeft, een soort van *general store*, tegelijk garen-en-bandwinkel, ijzerhandel, touwslagerij en drogisterij, die uitpuilde van producten voor het veld en de dieren, en bijkomend ook voor de eigenaars daarvan en hun vrouwen.

Alle klanten werden gelijk behandeld. Het huis verleende helaas geen krediet! In haar brieven aan mijn vader doet mijn grootmoeder geregeld haar beklag over de familie Flatan, die nog altijd bij hen in het krijt staat. Tot ze opgelucht meldt dat de Flatans eindelijk hun schuld hebben betaald nadat ze onverhoopt hun huis voor vijftienduizend zloty hebben kunnen verkopen.

In Maków woonden niet alleen Joden. De sjtetl was ook vergeven van de luizen en de vlooien. Daar werd niet over geklaagd: als het de Polen maar uit de buurt hield! Luizen en vlooien zijn stukken toleranter dan antisemieten, want ze maken geen onderscheid tussen mens en dier.

Waarschijnlijk leek Maków op van die dorpen uit westerns. Wie weet, misschien is mijn grootvader wel verantwoordelijk voor mijn voorliefde voor avonturenfilms, want voor de rest zie ik, hoe hard ik ook zoek, niet in wat ik van hem kan hebben geerfd – alhoewel. Ik kom er nog op terug.

Ik móét mijn toevlucht wel nemen tot het wilde Westen en de bijbehorende clichés, want van zijn geboortedorp heeft mijn vader me geen enkele herinnering meegegeven, behalve die van de plaatselijke fanfare. Over zijn buren, zijn school, het station (als dat er was), de vaste klanten van de winkel heeft hij me nooit iets gezegd. En evenmin over zijn dagelijks leven als kind op de Joodse dorpsschool, de studiezaal, de cheider, waar hij van zijn vader moest bidden, en de synagoge, waar hij zijn bar mitswa had gevierd. Van zijn leven in Maków bleven hem niet meer beelden bij dan van Luik, Brussel en zijn magische diensten in de schouwburg van Verviers of achter de toonbank van zijn apotheken. Geen beeld, geen foto. Vooral geen foto's!

Ik neem mijn toevlucht tot westerns, omdat de andere bronnen die ik heb gebruikt om het leven in Maków te proberen reconstrueren, de toenmalige Joodse romanciers, me nog buitenissiger lijken. Wat heeft mijn vader gemeen met de Magiër van Lublin, de wonderbaarlijke rabbijnen en andere onwaarschijnlijke personages van Isaac Bashevis Singer of Sjolem Alejchem?

Van mijn vaders jaren in zijn geboortedorp ken ik dus alleen de fanfare. Hij kon er even verrukt over vertellen als ik over mijn bezoek aan Sinterklaas op zijn gouden troon op de hoogste etage van de Bon Marché. Elk feest was een voorwendsel om die fameuze fanfare vrolijk te laten uitrukken.

Op zo'n dag bruiste het in het dorp van het leven. Als mijn vader de daverende optocht door de straatjes voor de geest riep, bulderde hij staand boem-boem door de salon, wat me een overzicht moest bieden van het repertoire. Hij had absoluut geen muzikaal gehoor en zong als een kraai, dus ik daag iedereen uit om in dat dreunende boem-boem uit mijn kindertijd een refrein te herkennen. Vertelde mijn vader me toevallig iets waarin de cimbalen van de fanfare opdoken, dan begon zijn blik te twinkelen en klaarde zijn gezicht op. Zijn ontroering werkte aanstekelijk, daar waren geen woorden voor nodig. Je hoefde maar naar hem te kijken en ineens verrees het fanfarekorps zaliger uit zijn as en trokken de muzikanten op hun zondags gekleed vrolijk toeterend en trommelend door het appartement. De fanfare schreed langzaam voort. Niet omdat het trage liedjes waren – afgaand op mijn vaders boem-boem was het ritme eerder allegro – maar om te vermijden dat de grote trom achterophinkte. Om God weet welke reden was het meesterstuk van de fanfare toevertrouwd aan een graatmagere slungel met horrelvoet, die als een trekpop door de stoffige straten huppelde terwijl hij stelselmatig op het verkeerde moment op zijn trommel sloeg. En mijn vader maar door de kamer springen om de arme muzikant na te bootsen, terwijl mijn moeder uit de keuken gilde dat hij moest 'ophouden met dat kinderachtig gedoe', want dat ze juist de salon had schoongemaakt en niet 'om de vijf minuten' ging opruimen en onze meid niet was. Mijn vader luisterde niet. Hij was in Maków, in 1920, en de horrelvoet trekkebeende met de rest van het gezelschap door onze salon. 'Vooruit, *hingkediker rebbe* [kreupele maestro]! Geef ons nog een roffel op je trom te horen!' riep mijn vader naar de arme muzikant terwijl hij bijna over het tapijt struikelde. Pas als mijn moeder hamerslingerend met haar stofzuiger tevoorschijn schoot, stoof de fanfare uiteen om vlug weer de nevelen van een verdwenen wereld op te zoeken.

Welke andere herinnering bewaarde mijn vader aan Maków? O ja! De aangename jaren van de Duitse bezetting. Kijk niet zo verbaasd. Van alle oorlogen verkoos hij die van '14-'18.

De Poolse bevolking had de eeuwige Teutoonse veroveraar niet bevochten, maar ingehaald als een gulle toerist die zijn kostbare D-marken kwam spenderen. Helaas stonden ze niet op dezelfde manier tegenover de Joden. Om het anders te zeggen – ik weet het, ik maak mijn geval nog erger dan het al was – de vijanden van mijn vijanden zijn niet per se mijn vijanden. Historici laten zich niet altijd veel aan details gelegen liggen – behalve als die hun stellingen ondersteunen – en hebben geen oog gehad voor de voordelen van het verblijf van de Duitsers in Polen: tijdens de bezetting van 1915 tot 1918 bleven de pogroms en antisemitische daden waar de Polen zo tuk op waren, volledig uit. Dankzij het Jiddisj leefden de Joden bovendien in vreedzame coëxistentie met de bezetter (althans in Maków). Komt het door de herinnering aan de Eerste Wereldoorlog dat mijn vader de Duitsers al met al wel vertrouwde toen ze België in mei 1940 binnenvielen?

De synagoge bekleedde een cruciale plaats in mijn grootvaders leven. Zoals alle vrome Joden hield Aba zich niet onledig in de winkel, dat was voor Frania. Hij passeerde het gros van zijn tijd in de studiezaal, gebogen over de Bijbel of met zijn vrienden discussiërend over de opinie van deze of gene rabbijn, over de Talmoed en over het huwelijk van zijn dochter met de zoon van de buurman. Frania was niet gelukkig. Ze had heimwee naar haar jeugdliefde – haar teerbeminde neef, die intussen met iemand anders was getrouwd. Helaas voor mijn Aba had Frania niets van de onderdanige vrouwen die in elke vrome familie, welke god ze ook vereert, het bezige bijtje spelen. Het leven van een mooie jonge vrouw in een Pools dorp in het begin van de twintigste eeuw was vermoedelijk niet veel opwindender dan dat van een mooie jonge vrouw in een Iraans of Pakistaans dorp een eeuw later – of in de orthodoxe wijken van het Jeruzalem van tegenwoordig.

Mijn vader schetste Aba als een bekrompen kwezel, maar toch heeft hij mij diens voornaam gegeven. Iemand die zo'n nieuwsgierige, poëtische, op de wereld gerichte zoon als mijn vader heeft verwekt, kon toch niet totaal afwijzend staan tegenover externe invloeden? Of dankte Chaïm zijn kwaliteiten aan de boze geest van Frania? Maar als mijn grootvader zo ongevoelig was voor de geneugten des levens, waarom bezweek hij dan voor de charmes van mijn grootmoeder, die niets moest weten van bigotterie en bijbehorende rituelen? Arme Aba! Wat een lijdensweg moet het samenzijn met zo'n 'vrouwmens' zijn geweest! Een Lilit in Maków! In zijn eigen bed!

Ja, er is een vreemde gelijkenis tussen Frania en Lilit, de figuur uit de joodse mystiek, die door mannen lange tijd als heks werd beschouwd en vervolgens uitgroeide tot de Eva van de feministen. Waarom heeft de traditie Lilit tot vrouw des duivels gemaakt? Omdat zij zich in alle opzichten de gelijke van de man wilde tonen. De kabbala stigmatiseert Lilit, die de liefde niet in de missionarishouding wil bedrijven om niet onder haar man te moeten liggen – een onwil die bij het besneden deel van het volk Gods op weinig goodwill kan rekenen! Van het privéleven van mijn grootouders weet ik niets (behalve dat ze vier kinderen hebben gekregen). Eén ding is zeker, mijn grootmoeder liet niet over zich heen lopen, vooral niet door een man. 'Neem papa die onzin niet kwalijk', schrijft ze haar kinderen in België onomwonden. 'Zo is hij altijd. Hij schrijft altijd hetzelfde, nooit iets interessants.'

Mijn vader is dus de vrucht van de verbintenis tussen een traditionele vrome Jood, die de Bijbel eerde, en een Lilit, een vrouwelijke demon uit de kabbala. En dan moet ik geloven dat hij gewoon een brave, onschuldige apotheker was?

De verzonken stad

Hoe ging het er in Maków aan toe, hoe waren het leven en de bewoners daar op dagen dat de fanfare niet voorbijtrok? Op een bruinige foto die begint te vervagen, kijkt mijn grootvader met vaste blik de lens in, zijn ellebogen steunend op de reling van een brug over een rivier – waarschijnlijk de Orzyc. Het is de enige afbeelding die ik van hem heb. De enige ook waarop je je een beetje een voorstelling kunt maken van Maków ten tijde van de Berenbaums (want de stad is tijdens de oorlog volledig verwoest). Althans, dat dacht ik, tot ik tussen de papieren die ik uit mijn moeders appartement had geborgen, een stapel brieven vond die mijn grootmoeder Frania geschreven had aan haar twee naar Brussel geëmigreerde kinderen, Chaïm en Esther. Daarin werd het leven geschetst dat ik zou hebben geleid als mijn vader in het dorp van zijn vader en grootvader was blijven wonen en ik daar was geboren – met andere woorden als Hitler een Oostenrijks kunstenaar was geworden in plaats van een Duitser met snor.

Mijn grootmoeder schreef haar kinderen in het Pools (mijn grootvader voegde er soms een paar regels in het Jiddisj aan toe). Naarmate ik de kaartjes en brieven, die ondertekend waren met 'Frania, jullie liefdevolle moeder' (en die twee Poolse studentes geduldig voor mij vertaalden), in het Frans te lezen kreeg, kwam er een onbekende wereld aan de oppervlakte. Vergelijk het met dorpen die door de bouw van een stuwdam zijn overspoeld en bij onderhoudswerkzaamheden, wanneer het meer droogstaat, weer bloot komen te liggen.

Terwijl ik de brieven lees, tekenen de straten, de huizen, de winkels en vooral het leven van de bewoners van het vooroorlogse Maków zich weer af. Een schimmentheater verrijst. Het gordijn gaat op. Magie, magie... Waarom had ik niet eerder het idee of de aanvechting deze brieven te laten vertalen?

Het eerste schrijven dat mijn vertaalster me toestuurt, brengt ons naar februari 1937, hartje winter. Het sneeuwt ononderbroken. Zelfs tijdens het opzeggen van de psalmen in de synagoge klappertanden de mensen. Merkt God geen ruis op de lijn terwijl de gebeden van de MaKówse Joden naar Hem opstijgen? Onverstoorbaar blijft Hij bakken wit stof over de arme Poolse sjtetl uitstorten. Om Frania terug te vinden en gezond en wel het *magazuyn Towarow Ganateryjnych, Rynek nr. 31* te bereiken moet je tussen de hopen opgewaaid sneeuw slalommen en oppassen dat je niet uitglijdt. Voordat je naar binnen gaat, mopper je, je schudt je schouders omdat de sneeuw ondanks de grote wollen sjaal in je nek terechtkomt, je checkt angstig of je neus nog op zijn plaats zit. Maar nauwelijks heb je de winkeldeur opengeduwd of je inspanningen worden beloond. De zachte warmte van de kolenkachel vermengt zich met een onweerstaanbare geur, recht uit de keuken, een mix van ganzenvet en kruidkoek.

De laatste dagen voor de feestdagen, toen we juist een grote drukte in de winkel verwachtten, brak er een ijzig winterweer aan. De sneeuw lag meer dan een meter hoog. Zelfs in de stad kon je onmogelijk het huis uitkomen en de mensen konden niet naar het dorp om inkopen te doen. Op dit moment is het weliswaar nog altijd koud, maar er ligt bijna geen sneeuw meer.

Welke gerechten hebben jullie gegeten met de feestdagen? Wij hebben kruidkoek gemaakt van twintig eieren. Het was heel lekker! Omdat we geen gesmolten vet meer hadden voor het feest, hebben we mevrouw S. gevraagd ons een kip met minstens een kilo vet te brengen. Ook Jafa heeft een kip gekocht die minstens even groot was, voor 4 zloty, dus we kunnen niet klagen! Jafa kookt uitstekend en helpt me veel, ze doet erg haar best. Ik heb haar trouwens een trui cadeau gedaan.

Ondanks het zachtere weer staan de klanten niet te dringen. In ieder geval worden de openstaande rekeningen in afwachting van hopelijk betere tijden langer, en dat al vanaf het begin van de maand.

We zitten deze maand erg krap bij kas. De klanten betalen niet. Al het geld gaat naar kolen en we maken verlies... Deze week is het kermis. Het wordt zeker lastig marchanderen, want iedereen heeft het moeilijk.

Frania's vrees komt uit: de resultaten van de kermis vallen tegen. De zaken gaan minder goed dan andere jaren, toen met de kermis de lente begon.

Woensdag was het kermis. We hadden meer verkopers dan klanten over de vloer. Het zijn ongunstige tijden. De kermis viel veel te vroeg. Het vriest wel niet meer, maar het is toch nog bar koud... De zaken gaan niet bijster goed. Postępska is ons nog 150 zloty schuldig. Ze heeft ons beloofd dat ze deze maand gaat betalen. Wie weet? Ze beloofde het al zo vaak zonder haar woord te houden.

Ze heeft zo veel geldzorgen dat ze haar dochter in België vraagt of de tandarts, die verzoekt de rekening te betalen, niet liegt over het aantal tanden dat een paar maanden eerder in Polen is behandeld:

Herinner je je nog hoeveel kiezen Loskinowa heeft gevuld? Ze zegt dat ze niet meer weet of het er drie of vier waren, en vraagt me geld voor vier. Ik wil niets betalen voor ik je antwoord heb.

Tegen het eind van de winter van 1937:

De artikelen gaan niet zo vlot de deur uit. Ik zal jullie geen geld sturen vóór de feestdagen. De 100 zloty die ik voor jullie opzij had gelegd, zal ik naar Warschau sturen, want we hebben koopwaar nodig en hebben geen geld meer. Zaterdagavond is Janowska me komen vragen of ze haar aardappelen in onze kelder mocht leggen. In ruil beloofde ze het huis schoon te maken. Ik was blij met dat voorstel, want ik heb niemand voor het huishouden.
Als ik 's avonds een uur overheb vóór het avondeten, zet ik de hoofdtelefoon van de draadloze ontvanger op terwijl ik kleren verstel. Ik heb graag dat alle kleren in orde zijn. Het doet me goed om naar de radio te luisteren.

De situatie verbetert geleidelijk, zodat mijn grootmoeder besluit een meid in dienst te nemen. Terwijl mijn grootvader Aba zijn dagen doorbrengt met het ontraadselen van de mysteries die God achter het Woord schuil laat gaan en met wachten op de komst van de Messias, runt Frania de winkel, plaatst bestellingen, ontvangt klanten, onderhandelt met leveranciers. Zij is het ook die het huishouden bestiert, het huis onderhoudt, kookt, nadat ze eerst vier kinderen heeft grootgebracht, die intussen allemaal volwassen zijn. Ze slaagt er zelfs in wat geld opzij te leggen, dat ze naar Chaïm stuurt voor de bruidsschat van zijn zussen:

Wat het geld betreft, ik moest jullie 85 zloty toesturen, want jullie zullen veel kosten hebben voor de bontmantel en de jurk. Ik stuur slechts 50 zloty; meer kan ik jullie niet geven. Komende maand hoop ik dat het mogelijk is meer te sturen.

Maar ze verwacht ook dat mijn vader, wiens reputatie als wonderdokter de Oder-Neissegrens heeft overgestoken, zwarte hoestpastilles met dennenteer opstuurt (als zending zonder waarde). Maar Aba heeft méér nodig dan pastilles, zelfs al mogen die dan nog afkomstig zijn van mijn vaders toverstaf.

Papa is in de vroege ochtend naar Warschau vertrokken. Hij nam hier baden, maar zonder dat het veel uithaalde. Daarom heeft hij besloten in gezelschap van verschillende andere mensen van Maków naar de thermen van Ciechocinek te reizen. Hij klaagt vaak over jicht. Blijkbaar kun je er daar volledig van genezen. Hij heeft voor de gelegenheid nieuwe kleren gekocht. Eindelijk draagt hij iets fatsoenlijks!

In Frania's beschrijvingen trekken buren, tantes en nichten voorbij. Frania blijft haar kinderen hardnekkig in het geboortenest inkapselen. Zodat ze als ze later naar Maków terugkeren, het onveranderlijke, door Frania voor hen gekoesterde wereldje zullen terugvinden, even gegarandeerd als de kolenkachel in de winkel. Hun verblijf in België is van korte duur, denkt ze. Een reisje naar het buitenland? Goed. Waarom ook niet? Jong bier moet gisten.

Ze heeft geen idee dat Esther en Chaïm nooit meer voet op Poolse bodem zullen zetten en dat zíj integendeel haar verwoeste geboortestreek zal ontvluchten en naar hen toe zal komen na wonder boven wonder aan de gruwelen te zijn ontkomen.

Ik heb een kaart gekregen van tante S. Ze schrijft dat R. het goed maakt en dat ze werk heeft. *Akenachem*! Ze heeft een baan in een slaapzaal. Ik zal jullie een geheim verklappen. Toen tante S. langskwam in Maków, heeft ze me toevertrouwd, in alle discretie, want ze weet het niet 100% zeker, dat R. binnenkort moeder zou worden. Als je het mij vraagt, denk ik dat dat inderdaad het geval is en dat ze zelfs al vijf maanden ver is.
Nicht Estusia heeft ons geschreven dat ze een baan als onderwijzeres hoopt te krijgen, want ze heeft de examens afgelegd en is al bij een vakbond aangesloten.
Zoals jullie kunnen zien, deel ik met jullie (wie anders?) alles wat ik te horen krijg. Ik zou willen dat ook jullie me in alle bijzonderheden over jullie reilen en zeilen vertellen. De onbeduidendste dingen in jullie dagelijks leven interesseren me veel meer dan de belangrijkste nieuwtjes van onbekenden. Als besluit van mijn brief wens ik jullie vrolijke en aangename feestdagen toe, want er zijn nog heel wat feestdagen in aantocht!

Ja, lieve Frania, twee jaartjes nog. Twee jaar vóór de catastrofe. 'Wanneer zijn jullie van plan met vakantie te gaan?' vraagt ze aan haar kinderen, en ze geeft een beschrijving van haar nieuwe kleren. Elk detail vormt een stukje van dit landschap, dat ze brief na brief met haar beste pen voor de geest roept om het niet helemaal uit hun geheugen te laten verdwijnen.

Ik heb een elegant zomerensemble; het enige probleem is dat er nooit een goede gelegenheid is om het aan te doen. Als het mooi weer is, zal ik het dragen om naar de synagoge te gaan voor de feestdagen.

Voor vandaag en morgen heb ik al eten gemaakt.
Groentesoep met merg, kalfslapjes met wortelen, en
kersenmoes. Ik heb een paar kalfslapjes en wortelen
overgelaten voor morgen. Er zullen bij het vlees ook
gemarineerde komkommers zijn.

Soms lost Sara, Chaïms andere zus, haar af. Zij is in het dorp gebleven en schrijft aan haar zus Esther, die mijn vader achterna is gereisd naar Brussel:

Is Chaïm tevreden over je als vrouw des huizes? Vindt hij dat
je lekker kookt? Ben je tevreden over hem? Ik neem aan dat
jullie de taken goed verdelen en dat niemand van de ander
profiteert, zoals dat weleens voorkomt. Ik kan me
voorstellen dat Chaïm niettemin de baas is: hij heeft meer
ervaring dan jij.
De vakantie is al begonnen. Gelukkig ging de tijd snel
voorbij en was het druk in de winkel. Je kent het leven hier.
Ik ga niet naar de club, ik vind het geen leuke sfeer. Een keer
ben ik er toevallig naartoe gegaan. Er hingen een paar oude
zionisten rond die aan het kaarten waren. Zo is het altijd, er
zijn geen andere attracties.
Maandag ben ik met Fela naar de verlovingsreceptie van
Sara Łaszer geweest. Ik heb me er zeer goed geamuseerd. De
gasten waren slecht gekozen, geen wonder, we waren de fine
fleur van de plaatselijke society! Sara Łaszers verloofde is
nogal gewoontjes, hij lijkt wel een winkeljongen; jij had
toch ook die indruk?
Gisteren ben ik weer bij de Rekants geweest, ze hadden een
feestje georganiseerd voor de jonggehuwden. Wij hebben de
hele tijd *pączki*[2] gegeten. Weer een fijn moment! Kortom, het
leven is gezellig in Maków.
Masza is nog in Warschau. Naar het schijnt willen ze een
huwelijk voor haar arrangeren met N., een jongen uit
Przasnysz. Het gerucht gaat dat ze zich met hem moet
verloven. Haar moeder staat er erg op en haar leven is in
gevaar als ze weigert!

Chaïm, hoe gaan de zaken? Ben je al een Rothschild geworden? Of moeten we nog wat wachten? Ik zie dat jullie in Brussel 'als koningen' leven, maar... jullie zeggen er niet bij hoe jullie dat financieren! Vertel ons of jullie geld nodig hebben, en dan zullen we het sturen. Zorg goed voor jullie zelf, veel vreugde. Sara.

Er volgt een prachtige zomer. Niemand merkt iets van de verschrikkelijke wolken die zich samenpakken aan de horizon, de verwoestende storm die binnenkort zal losbarsten, de wervelwind die honderden jaren beschaving weg zal vagen. Er wordt in het dorp druk getrouwd, met dank aan het milde weer.

Er is hier een belangrijke gebeurtenis geweest. Juffrouw Szulc is vorige week getrouwd. Ze heeft een leuke vriend gevonden – veel jonger dan zij. Ook al is hij al drieëndertig, hij ziet er veel jonger uit. De Joden, het uitverkoren volk, hebben in alles geluk.

Dat schrijft Sara, bijna op de dag af twee jaar voordat de eerste nazitanks Polen binnenrijden.

In die maand maart van 1938 blijft mijn grootmoeder haar zoon en dochter die zo ver weg wonen verslag doen van de gebeurtenissen in Makówland. Ze toont zich een onvermoeibare reporter, maar onverschillig of blind voor de politieke omwentelingen die al voor barsten zorgen in Europa (en voor opschudding in een deel van Polen, waar fascistische ideeën de kop opsteken). Alle personen over wie ze het heeft, ouders, buren en vrienden, iedereen, van de eerste tot de laatste, zullen een paar maanden later verdwijnen. Frania bant uit haar relaas alles wat haar kinderen ongerust zou kunnen maken. Maków wordt een enclave vol rozengeur en maneschijn in het stuiptrekkende Polen. Het rijk van de familie Optimist is een goednieuwsshow.

Er zijn een paar kleinigheden veranderd aan de inrichting van de winkel. Het is er mooier op geworden. We besteden veel meer zorg aan de presentatie. We hebben een paar glazen rekken bijgezet. Dat maakt de uitgestalde producten aantrekkelijker en aanlokkelijker voor de klanten. Het zou natuurlijk nog beter zijn als we de ramen lager maakten en een vitrine bouwden, zoals in grote steden, maar dat is te duur. Reclame is erg belangrijk geworden. Ik heb altijd gedacht dat een mooie vitrine meer klandizie zou trekken. Elke keer dat we iets nieuws op een opvallende plaats hebben gezet, was het meteen verkocht.

Het dorp maakt zich stilaan los uit de middeleeuwen, die gestolde tijd waarin het eeuwenlang was blijven hangen, die verstikkende cocon waaraan mijn vader en zijn zuster zijn ontsnapt omdat zij benieuwd waren naar de echte wereld, naar actie en beweging, naar de eeuw waarin zíj leefden. Frania schrijft:

Vandaag heb ik zin om naar de film te gaan. Ze spelen een mooie film, *Vergeten symfonie*.[3] Vier dagen voor de feestdagen kan ik me die luxe wel veroorloven. Motek zegt me dat wij Belgische radio-uitzendingen kunnen ontvangen! Luisteren jullie af en toe naar de Poolse radio? Het schijnt dat er vaak Poolse uitzendingen zijn in het buitenland.

Terwijl nieuwe ideeën en moderne zaken hun weg vinden naar Maków, doen buren en zelfs familieleden voor het eerst pogingen om naar het beloofde land uit te wijken. Er wordt slechts bedekt gezinspeeld op het feit dat sommigen om hen heen hun koffers pakken en snappen dat het tijd wordt het land waar hun voorvaderen zich hebben gevestigd en hun families al eeuwenlang wonen, achter zich te laten. En niet langer te blijven wachten op het vertreksein dat die bliksemse Messias volgens een belofte van tweeduizend jaar oud zou moeten geven en waar het maar niet van komt. Geruchten over het leven in Palestina worden geleidelijk aan onderwerp van gesprek, ondanks de weerstand van mijn grootvader en zijn vrienden, die geschokt zijn over deze schending van de heilige teksten. Een nicht is vast van plan er te gaan wonen, tot blijdschap van Frania.

De verloren verloofdes

Het huwelijk: het centrale thema in bijna alle brieven van Frania. Zodra ze de kans schoon ziet, blijft ze er tussen de financiële en commerciële stand van zaken door bij stilstaan. Die jongen is verloofd, dat meisje slecht getrouwd. Nog een ander meisje kan maar beter niet te lang treuzelen. De lente is zo kort, zegt ze. Als je eens wist hoe kort, Frania...

> Ik heb niet veel nieuws over Lucia. Ik denk dat ze het vrij goed heeft met haar verloofde. Dat hoorde ik althans van L., die altijd alles weet. Ik heb met die jongen te doen. Ik ken Lucia en kan begrijpen dat hij niet van haar houdt. Dat meisje doet alleen waar ze zin in heeft. Ze is nog berekenender dan haar moeder. Maar ze hebben het slecht getroffen met die jongeman! Hij heeft hun al bijna 15.000 zloty gekost. En hij gaat pas over drie jaar aan zijn universitaire opleiding beginnen.
>
> Masza L. wil absoluut een verloofde. Vorige winter liet ze haar keus vallen op een rijke oude man, maar ze heeft hem niet kunnen overtuigen. Toen hij haar vroeg waarom ze hem wilde, antwoordde Masza dat ze naar een welgesteld leventje verlangde.
>
> Fela heeft veel van haar frisheid verloren. Er wordt gezegd dat haar vriendje, een laatstejaarsstudent geneeskunde, de zoon is van de eigenaar van de kantine waar ze elke dag eet.

Deze anekdotes verraden Frania's bezorgdheid over de ongehuwde staat van haar twee kinderen. Ze vreest dat ze, zo ver weg van Jiddisjland, vrijgezel zullen blijven. Ze beseft dat haar zoon alles heeft opgeofferd aan zijn carrière. Van 's ochtends tot 's avonds denkt hij alleen aan wonderpillen, niet aan een gezin. Met het risico dat hij dat ene meisje uit duizenden aan zich voorbij laat gaan. Dus neemt ze zelf het heft in handen.

In november 1938 is Chaïm al eenendertig en er is behalve zijn twee zussen – officieel – nog altijd geen vrouw in zijn leven.

Het zou me veel plezier doen als Chaïm eindelijk zou trouwen. Ik heb de indruk dat S. een goede vrouw voor hem zou zijn. Iedereen vindt dat ze een goed karakter heeft. Realistisch, zoals haar zus. Wijs, energiek, redelijk knap, jong, intelligent. Dat meisje bevalt ons, maar we willen weten hoeveel haar bruidsschat bedraagt.

Chaïm verzet zich. Hij voelt niets voor S. Laat dat geen belemmering zijn! Een paar maanden later vindt zijn moeder een andere verloofde, die nog mooier en nog slimmer is. Deze keer vermijdt Frania de frontale aanpak en rekent ze op Esther om Chaïm duidelijk te maken dat het tijd is om een ring over de vinger te schuiven.

De zus van M. is van plan een tentoonstelling te bezoeken in Parijs en ze moet over Brussel reizen. Ik zou willen dat Chaïm haar ontmoet. Vraag een foto van haar. Ik zou graag contact opnemen met haar familie. Er wordt overal gezegd dat ze buitengewoon perfect is. Haar broer mag ik wel, dus ik wil het graag geloven. Ze heeft voor haar reis naar Parijs in een paar weken tijd Frans geleerd. Ze studeert scheikunde en naast haar studie werkt ze ook nog... Ik zou absoluut willen dat Chaïm dat meisje ontmoet, maar ik weet niet hoe ik hem zover moet krijgen. Het beste zou zijn als hij even naar Maków kon overkomen. Maar als zij Brussel zou aandoen, zou dat natuurlijk ook heel goed zijn. Alle goeds, veel vreugde, Frania.

Arme grootmoeder! Chaïm is beslist geen gewone jongen! Een rechtgeaarde Jood trouwt vóór zijn vijfentwintigste met de verloofde die zijn moeder hem (met aandrang) voorstelt. Hij niet. Hij stoort zich niet aan de traditie en houdt de boot af. Frania mag een stoet aan fatale schonen laten defileren, de ene nog geschikter voor zijn complexe persoonlijkheid dan de andere, het mag niet baten. In plaats van een mooie verloofde te gaan zoeken en zijn nageslacht veilig te stellen, lijkt Chaïm alleen maar getrouwd met zijn werk. Sapperloot, papa! Schiet op! Ik popel om kennis te maken met die vrolijke familie voor het te laat is! Frania's kruidkoek doet me watertanden! Chaïm heeft er helaas geen oren naar. Zijn hersenen mogen dan op volle toeren draaien, wat seks betreft blijft het blad maagdelijk wit. Wat richt hij in zijn zeldzame vrije ogenblikken uit in plaats van een goede Joodse echtgenote te kiezen? Hij praat. Hij weidt uit. Hij discussieert. Over politiek, met zijn vrienden (dat is te zeggen: hij voert het woord en zij luisteren). Hij voorvoelt de rampen die eraan komen, en volgt nerveus het nieuws, houdt zijn oor tegen de radio die zijn nazivriend Tomas voor hem heeft gemaakt, beschouwt zuchtend de onafwendbare verslechtering van de politieke situatie in Europa, de onmacht, de onwetendheid, de verdeelde politici, en pluist koortsachtig de kranten na in een poging de toekomst te peilen.

En hoe zit het dan met de vrouwen? Ik beloof u dat ik het archiefmateriaal blijf doorzoeken. Tot dusver ben ik van een koude kermis thuisgekomen. Maar uiteindelijk vind ik vast wel een spoor van de vrouwen die hij heeft ontmoet, misschien liefgehad, voordat hij twee jaar later zijn prinses zou ontmoeten. Voorlopig moet ik op een houtje bijten, een paar jaartjes nog. Voordat ik in hun leven binnen kan tuimelen, moet de oude wereld volledig zijn verdwenen, zonder dat er iets van overblijft, vooral geen getuigen. Dachten zij althans. Dat was buiten mijn nieuwsgierigheid gerekend. Hoe goed je ook je best doet de geschiedenis hermetisch in een pot op te sluiten, als die een tijd op het fornuis blijft staan sudderen, vliegt het deksel er uiteindelijk toch af.

Het geheim van Joodse vrouwen

Terwijl ik de vertalingen van mijn grootmoeders brieven een voor een binnenkrijg, herrijst de wereld die mijn vader had verlaten om een echte Belgische burger te worden. Een wereld waarover hij me nooit heeft willen vertellen. Hij wilde dat mijn wortels in de Belgische grond aardden zonder parasitaire invloeden van zaadjes uit een verdwenen continent. Toch word ik weemoedig bij het horen van de frisse, nieuwe stemmen van mijn grootmoeder en mijn tante Sara. Deze brieven, die ik tijdens het opschrijven van dit verhaal stukje bij beetje te lezen krijg, lijken pas een paar dagen geleden op de post gedaan, alsof de briefschrijfsters nog in leven zijn en op mijn antwoord wachten. Ik snak ernaar om inzicht te krijgen in de gedachten, de verlangens, de geheimen van mijn correspondenten – of liever correspondentes, Frania en Sara, want zij voeren de pen. Wie zijn zij? Wat zijn hun dromen? Wat gaat er om in het hoofd van een Poolse Jodin vóór het losbarsten van de bloedigste oorlog uit de geschiedenis sinds het uitsterven van de dinosauriërs? Een brief van een vriendin van mijn tante spreekt op dit punt boekdelen. De brief is ondertekend door een zekere Lilit (zoiets verzin je niet) en is gericht aan mijn vaders zus Esther in Brussel. Uit welk jaar dateert de brief? 1936, als ik de informatie over de mensen over wie ze schrijft, combineer met de brieven van mijn grootmoeder.

Wat Lilit schrijft, lijkt in de verste verte niet op Frania's betoog, al wonen ze maar een paar huizen van elkaar vandaan. Hier defileren geen plaatselijke schonen voor het winkelraam van de Koopmansstraat, maar zijn we getuige van hun intiemste gedachten.

Lieve Esther,
Ik denk veel en vaak aan je. Ik heb vannacht van je gedroomd. Je gaf me een zoen en omhelsde me zo krachtig dat ik pijn kreeg aan mijn buik en wakker werd. Je was volwassener en nog mooier geworden. Als ik aan je denk, is het me vreemd te moede, ik wou dat je vlak bij me was. Als ik dit herlees, besef ik dat het iets weg heeft van een

huwelijksaanzoek. Ik voel me een beetje belachelijk. We zijn de dweepzieke jaren al lang voorbij, ik ben erg veranderd. Ik ben onverschilliger en sterker geworden. Ik heb veel meegemaakt. Maar de gevoelens uit de jeugd zijn er niet minder op geworden. Vorig jaar ging ik niet naar Zakopane, maar koos ik voor Warschau, waar ik een jongeman heb ontmoet. Mooi als een god. Een Franse Jood. We maakten met elkaar kennis om 19.40 uur. En om 20 uur zijn we naar *La Traviata* gaan kijken.

Hij is bij mij op bezoek gekomen en vertelde me zijn hele droevige leven, sinds zijn veertiende. Nu is hij vijfentwintig. Hij heeft een mooi baantje en vroeg me of ik met hem uit wilde gaan. Ik heb even geglimlacht. Maar na een paar afspraakjes kwam hij op een keer erg opgewonden bij me langs en vroeg me ten huwelijk. Anders konden we elkaar niet meer zien, zei hij. Ik heb nee gezegd. Vraag me niet waarom. Ik weet niet of ik van hem hield, en als ik van hem hield, was dat echt nog niet lang! Het lukte me te zeggen dat ik hem niet zag zitten.

Een andere jongen heeft me deze zomer gekust. Ik heb hem laten begaan omdat ik hem graag mocht. Achteraf had ik er spijt van, ik was droevig. Heeft hij me gekust omdat hij me graag mocht of omdat ik een gezond, jong, net meisje ben en omdat het een mooie zomeravond was?

Lieve Esther,
Ik zit aan tafel met de moeder van die advocaat met wie we ooit eens naar het bos zijn gegaan, weet je nog? Hij probeerde ons de hele tijd te versieren, hij lachte, maakte grapjes en droeg rijmpjes voor. Ik val altijd op gespuis. Het lijkt wel of ik dat soort mannen aantrek. Daarna was er Szmidt. Ik heb hem opgezocht omdat hij me een foto had beloofd met zijn handtekening. Hij was waanzinnig lief, vriendelijk en zo bescheiden. Ik moet vast stapelgek hebben geleken, maar ik deed eigenlijk een beetje alsof.
Eerst kalmeerde hij me, door me te verzekeren dat hij niet gemeen was en dat hij zich niet wilde voordoen als een groot

kunstenaar, dat hij er de man niet naar was om zijn keel te schrapen voordat hij het woord nam. Om een lang verhaal kort te maken, ik ben een paar uur bij hem gebleven, hij heeft voor mij gezongen en heeft me een heleboel verhalen verteld. Hij heeft me ook goocheltrucs laten zien. Ik was erg onder de indruk. Je weet hoe gevoelig ik ben voor muziek en zang. Als ik rijk was, zou ik een kind hebben dat misschien zelf ook erg begaafd was. Weet je, Szmidt was echt ontroerd. Moet je horen. Hij zei dat ik de eerste vrouw was die zo naar hem toe was gekomen. Gewoonlijk komen ze bij hem aankloppen voor advies of hulp voor een film. Maar jij, jij bent anders, zei hij, een echt jong meisje dat lekker naar het veld en naar het bos ruikt. Hij heeft me beloofd zijn gesigneerde foto naar Maków te sturen.

Wat is er van Lilit geworden? Zorgvuldig zoekwerk leverde geen enkel spoor op, tot ik weggestopt in een envelop dit kaartje vond: 'Lilit Flatan en Dawid Rojzen melden u dat zij op 29 april 1937 in Maków Maz in het huwelijk treden. Warschau.'

Ik hoop dat Lilit de liefdesroes heeft gekend waar ze zo naar verlangde, voordat ze twee jaar later door de geschiedenis werd verzwolgen.

De taal van Aba

Tot dusver hebben we vooral Frania en Sara aan het woord gehoord, die onvermoeibare verslaggeefsters. En zelden Aba's stem, een geduchte stem als we de twee vrouwen mogen geloven die met hem samenleefden. Van Aba vond ik slechts vijf, zes korte briefjes, die even ondoorgrondelijk bleken als het bestek voor de toren van Babel, een van Gods beste moppen! Aba's taalmuur is stukken hermetischer en onoverkomelijker dan de muur tussen Israël en Palestina.

Alle brieven van mijn vaders familie die in mijn moeders dozen opgeborgen zaten, zijn, met uitzondering van de Belgische administratieve documenten en een paar berichten, in het Pools of in het Jiddisj geschreven, talen die mijn ouders me welbewust niét hebben bijgebracht. Ik moest Frans en Vlaams spreken, benadrukte mijn vader. Pools? Die taal was zonder nut voor mijn verdere leven, en in mijn vaders optiek ook voor de verdere geschiedenis. Jiddisj? Uitgestorven. En volgens mijn moeder, die het vertikte Jiddisj te spreken (en deed alsof ze het niet machtig was), een verachtelijke taal van proletariërs en vagebonden (terwijl mijn vader er juist een grote poëtische bekoring in vond). Hebreeuws? Aramees? Ik had later tijd genoeg om me met die Joodse talen vertrouwd te maken, als ik me toevallig mocht gaan interesseren voor mijn afkomst of, godbeter, voor mijn grootvaders religie...

In die brieven, ansichtkaarten, luchtpostvelletjes uit Polen stonden flarden van de geschiedenis van mijn ouders, verteld door mensen uit hun naaste kring, verse, ongeraffineerde getuigenissen die niet door de verstrijkende tijd of door het geheugen waren vervormd – het tegendeel van administratieve documenten, waar je weer vlees en bloed aan moet geven. Maar ze waren niet te ontcijferen. Ik, die prat ging op mijn auteurschap, stond ineens in de schoenen van een analfabeet en kon geen woord lezen van wat mijn grootmoeder, mijn tantes, mijn grootvader hadden geschreven. Hun brieven bleven even raadselachtig als de tabletten op Kreta of Paaseiland.

De tijd die de vertaalster nam om me Frania's teksten in het
Frans te bezorgen, vond ik tergend lang duren. Meer dan zestig
jaar hadden de brieven in dozen gesluimerd zonder dat ik me daar
iets van aantrok, en ineens moest ik stante pede de ondertitelde
stem van mijn grootmoeder en mijn tante Sara horen! Ik zat me
op te vreten – wachtend tot ze terug was van vakantie. Of haar
examens achter de rug had.

Het Jiddisj van Aba bleek een nog veel ingewikkelder zaak.
Een professor Jiddisj beet zijn tanden stuk op het eerste document dat ik hem voorlegde, een brief uit 1938 van mijn grootvader aan zijn kinderen.

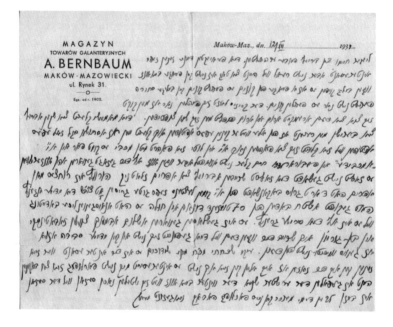

Goeie genade! Wat mocht er dan toch in mijn grootvaders brief
staan? Zijn handschrift is niet te lezen, zijn taal onvertaalbaar of
het scheelt niet veel, zo hoor ik van de eerste vertaler bij wie ik
aanklop. Er zijn evenveel varianten Jiddisj als er sjtetls zijn, legt
hij uit.

'Ik denk niet dat ik in staat ben u een bevredigende vertaling
te bezorgen', schrijft hij. 'Jiddisj op zich is eenvoudig, maar het

ontcijferen blijft een probleem. Veel woorden, zo niet hele stukken zin ontgaan me. De manier van schrijven is te allusief. Het heeft me een uur gekost om de zin "de klanten komen terug" te ontcijferen. Ik heb een bevriend lexicograaf uit Boston geraadpleegd om een leessleutel op te stellen, en omdat die tegen dezelfde problemen aanliep, heeft hij de tekst doorgespeeld aan een vriend die vertrouwder is met dat type schriftbeeld. Die laatste heeft me een perfecte transcriptie van de eerste pagina bezorgd, die dus volledig vertaald is. Ondanks die hulp beheers ik de schrijfwijze helaas nog niet volledig. Alleen academici die vaak met manuscripten omgaan (en de studie van Jiddisj is niet de hoofdzorg van Europese universiteiten) en die bovendien beschikbaar zijn, leden van de oude Jiddisjsprekende of geletterde generatie en misschien ook orthodoxe joden kunnen dit soort schrift lezen.'

De berichten van Aba Berenbaum waren nog hermetischer dan de geleerde Talmoedcommentaren. Waren ze dan alleen begrijpelijk voor een andere Jood die geboren en getogen was in Maków, dezelfde synagoge had bezocht en in één moeite door de Duitsers had overleefd? Waar woonde die witte raaf – die inmiddels meer dan honderd jaar oud moest zijn? Met andere woorden, zonder steen van Rosetta was het een uitzichtloze onderneming.

Mijn vader had al mijn wortels willen doorsnijden, zowel met Polen als met het religieuze of traditionele judaïsme. Het was hem gelukt! Ik was de echte Belg met Belgische roots geworden van wie hij zo had gedroomd.

Dus ging ik op zoek naar een andere leraar Jiddisj, om te weten of mijn grootvader me in zijn brieven uit Maków te hulp riep. Uiteindelijk kreeg ik de witte raaf te pakken, een Letse studente, dankzij een hoogleraar Jiddisj uit Parijs die ik had ontmoet op een colloquium van specialisten in het Jiddisj op de Brusselse universiteit (in een donkere zaal zonder ramen, met zorgvuldig geboende houten lambriseringen en vol met boeken, vage afspiegeling van een tafereel uit een studiezaal in een vroegere synagoge waar over netelige punten uit de Hebreeuwse leer werd gemuggenzift).

In de eerste, ongedateerde brief vernemen Chaïm en Esther dat ene David naar België komt en dat Aba hem een pakje voor zijn 'dierbare kinderen' heeft meegegeven.

Schrijf me zonder uitstel wat jullie het meest nodig hebben. Ik denk dat David dat allemaal mee zal nemen, hij is een gentleman (ook al is zijn familie niet al te verfijnd). Wij danken jullie voor alle goede dingen die jullie ons hebben toegestuurd, de zwarte pastilles, twee flessen Vichy, een flesje Fasflatsit en een potlood. Willen jullie dat ik jullie de kranten blijf doorsturen? Jullie moeder zal jullie in ieder geval op de hoogte houden van de belangrijkste nieuwtjes. Toch vestig ik jullie aandacht op de aanslag op kolonel Koc, de oprichter van de OZN.[4] De bom ontplofte te vroeg, zodat de terrorist ter plekke in stukken werd gereten. Ik hoorde het vanochtend op de radio.

Mijn vader woont sinds bijna tien jaar in België, maar heeft nog steeds niet alle banden met Polen doorgeknipt. Denkt hij eraan naar Polen terug te keren? Aarzelt hij nog? Enerzijds verenigt hij alle elementen om binnenkort een op-en-top Belgische meneer Janssens te zijn, anderzijds wil hij absoluut weten wat er in Warschau gebeurt. De situatie baart hem zorgen. Hij hecht geen geloof aan de geruststellende woorden van zijn vader, aan al die mensen die hun kop in het zand steken. Dit is wat zijn vader schrijft:

Beste Chaïm, je bent erg bezorgd uit Polen vertrokken. Toch wil ik je geruststellen. Dankzij God heerst niet alleen rust bij ons in Maków, maar in het land in het algemeen is het klimaat vredig. Met Gods hulp is alles helemaal veranderd, moge het nog jaren zo blijven!

Wat vertelt Aba daar? Ziet hij niet wat er om hem heen gaande is? De situatie van de Joden wordt bedreigd door de verschrikkelijke druk van de nazi's aan de grens en door de felle Jodenhaat die zich in zijn vaderland even koortsachtig verbreidt als in het naburige

Duitsland. Brest (in het Jiddisj Brisk) en Częstochowa worden door bloedige pogroms getroffen en nationalistische partijen en militaristen met fascistische neigingen nemen zitting in de regering.

Elke week verslindt Chaïm de Poolse kranten die zijn vader hem toestuurt. (Leest Aba het nieuws wel door dezelfde bril als zijn zoon?) Chaïm observeert de situatie, die overal verslechtert, van Berlijn tot Warschau, van Lviv tot Boekarest. En gezien de ravage van de stalinistische zuiveringsoperaties valt evenmin heil te verwachten van de oostelijke buren: ook zij maken zich op om Polen aan stukken te scheuren.

Aba zit in zijn cocon in Maków en wil niets weten, niets zien. En toch klinkt ineens uit één zin de dreigende onrust op. Als Chaïm voorstelt producten uit België op te sturen, repliceert zijn vader geprikkeld:

> Je plannen zijn interessant, maar niet realistisch, want het gaat er niet om dat hier geen producten tegen lage prijzen kunnen worden gekocht. Het ontbreekt de klanten niet aan goedkope producten; het ontbreekt gewoon aan klanten. De crisis is voelbaar. Maar als we de armoe om ons heen zien, vinden we dat we niet te klagen hebben.

Dadelijk na dit korte sombere terzijde haast Aba zich zijn jongen te sussen, die helaas geen geruststelling meer zoekt in het woord van God.

> Dierbare kinderen,
> Ik zend jullie mijn hartelijke groeten en wens jullie een vreugdevol en gezond Nieuwjaar. Moge het jullie weldra lukken om het Land van Israël op te bouwen! Jullie liefdevolle vader.

Aba, die de naderende storm (ogenschijnlijk) nauwelijks ziet aankomen, probeert vanuit Maków gezag uit te oefenen over zijn kinderen in Brussel. Hij geeft zelfs wenken voor hun kledingstijl, en natuurlijk aanmaningen om te trouwen.

Dierbare kinderen,
Helaas kan ik jullie geen raad geven. Voor jou, Chaïm, heb ik
hoge ambities gekoesterd. Je hebt je hele leven niet minder
hard gewerkt dan bijvoorbeeld een arts. Waarom zou je
moeten trouwen met een vrouw die geen bruidsschat heeft
– van de liefde kun je natuurlijk niet etc. Je bent bovendien
geen jongeman meer. Je begrijpt wel dat er ook geld nodig is
in het leven. Je kunt niet je hele leven voor anderen werken,
zeker niet in deze tijden.
Wat Sara betreft, ik weet niet of het verstandig is dat ze
doorstudeert; het is zo duur en ze heeft al diploma's genoeg!
Dus beslissen jullie onder elkaar, maar denk aan wat ik jullie
zeg.
Ester, ik heb naar je foto's gekeken. Je ziet er heel goed uit
met die beige jas, maar ik vind die bruine baret niet mooi,
die staat je niet. Ik heb het allemaal met een vergrootglas
bekeken.
Tot ziens, mijn kinderen, moge de Heer jullie op het rechte
pad houden. Jullie vader, Aba.

Hij wil invloed uitoefenen op Sara's aankopen, een voorwendsel
om haar een verwijt te maken over haar eeuwige onafhankelijkheidsdrang.

Sorele, als je naar Maków komt, moet je hier een broodmes
met inkeping kopen en een goede pen. Sorele, ben je zo
trots op je mooie foto dat je je niet eens verwaardigt om iets
korts te schrijven? Heb je het dan echt zo druk?

Ondanks Aba's strenge, geërgerde toon klinkt grenzeloze genegenheid voor zijn kinderen door. Hij drukt die onhandig uit en
wil absoluut de politieke realiteit verborgen houden, maar het is
duidelijk dat zijn vaderliefde even diep zit als zijn verknochtheid
aan God.
Beetje bij beetje begint Aba zijn opvattingen bij te stellen. Al
valt zijn ongerustheid alleen tussen de regels te lezen, het dringt
eindelijk – maar laat, o zo laat – tot hem door dat de toekomst

van het Joodse volk niet meer in Europa ligt. Emigranten naar Palestina worden niet meer als marginalen en avonturiers beschouwd en niet langer door de dorpsnotabelen met de vinger nagewezen. Frania schrijft:

David is uit Palestina gearriveerd. Het gerucht gaat dat hij Tania Margules komt halen. Dat zou weer een zware klap zijn voor de Perlows, want ze mogen haar niet. Ze zijn al niet ingenomen met hun andere schoondochter! In het leven kun je werkelijk niets voorzien. Voor sommigen loopt alles verkeerd. De Perlows zijn daar een mooi voorbeeld van. God geve dat we ons niet tot die categorie mensen moeten rekenen.

Ook Aba spreekt nu over het beloofde land zonder dat hij de voorafgaande oproep van de Messias nog als een noodzakelijke voorwaarde ziet.

Chaïm, zit over ons niet in. Geen sprake van dat je ons te hulp komt. Het zou goed zijn als je Efroïm schreef. Efroïm kent Israël zeer goed. Recentelijk hebben we op dat vlak heel goed nieuws vernomen. Het Joods Agentschap heeft 70.000 dunam grond gekocht in de Hulavallei. Dat is uiterst betekenisvol, omdat die grond dicht bij de Syrische grens ligt. Jabotinsky en Ben-Gurion hebben een vredesverdrag gesloten.[5] Ik schrijf je dat allemaal omdat jij niet in een Joods milieu leeft en van die dingen uiteraard niet op de hoogte bent.

Horen Aba's kinderen de stem van zijn hart of zien ze alleen de ruwe bast? Afgaand op de brieven van Sara – die het dichtst bij haar vader, het gehoorzaamst bleef – zijn Aba's verwijten voor haar alleen maar een bron van pijn en opstandigheid. Sara onderwerpt zich, maar doet dat hatend en zuchtend, verscheurd door hevige schuldgevoelens.

En toch, ondanks Sara's afkeer en ondanks Chaïms en Esthers verwijdering of zelfs vlucht, slaagt Aba erin de familie een zekere samenhang te verlenen. Hij geeft een DNA door, laat de familie-cultuur van de Makówse garen-en-bandwinkel Bernbaum door-werken tot in de Brusselse farmacie Berenboom en, verderop in de keten, het kantoor van de advocaat-schrijver.

De stemmen van Frania, Aba en Sara vermengen zich. De melancholische, zachtaardige vrijheidszin van mijn schimmige tante, de alles platwalsende kordaatheid van mijn grootmoeder, de zedenlessen en nauwelijks door godsvrees getemperde angst van mijn grootvader. Vrees voor nieuwlichterij bij de een, drang naar iets nieuws bij de ander, affiniteit met linkse ideeën: ik raak het spoor bijster in deze stoofpot vol bonte ingrediënten. Van wie heb ik mijn gevoelens, verlangens, angsten en verzuchtingen? Wat hebben mijn vader en mijn moeder me meegegeven? Ik weet niets van hen af. Ze hebben me niets of heel weinig verteld en ik had nooit de nieuwsgierigheid hen uit te horen, voordat ik in hun archieven ging wroeten alsof ik met mijn blote nagels hun grafsteen probeer op te tillen. En Sara, wat liet zij me na?

Sara

Mijn in Maków achtergebleven tante Sara is net zomin als haar broer van plan met de eerste de beste te trouwen. Haar karakter bezorgt Frania grijze haren. Sarusia, zoals haar koosnaam luidt, is behept met haar moeders onafhankelijkheidsdrang en heeft net als haar vader een sterk gevoel voor gehoorzaamheid aan de ouders. Die tegenstrijdige invloeden zullen haar bijzonder zuur opbreken. In eerste instantie is de verstandhouding thuis vrij gespannen. Frania, augustus 1934:

> We hebben een kaart gekregen van de W. Ze stellen Sarusia voor met hen op vakantie te gaan in een pension in Przetycz, bij Długosiodło, waar ze elk jaar naartoe gaan. Ik heb mevrouw W. verteld dat ik voor Sarusia iemand zocht. Een intelligente en bekwame man. Als hij arm of werkloos is, geeft het niet. Hij zou voor de winkel kunnen werken. Ik zou veel kunnen hebben aan een jongen met een goede neus voor zaken. Blijkbaar zijn er in de entourage van de W. geschikte jongemannen. Jammer genoeg denk ik dat Sarusia ze niet zal willen ontmoeten. Ik wil zo graag dat ze zich verlooft. Ze zou een ander karakter krijgen als ze verantwoordelijkheden zou hebben. En het is voor haar vooral hoog tijd dat ze trouwt!

Als zich uiteindelijk een verloofde meldt, vermoedt Frania dat de zaak er niet zo goed voor staat, en ze wijt dat aan haar dochters grillige inborst, haar onafhankelijke karakter en haar stille revolte tegen haar milieu.

> Mijn grootste probleem is nu Sarusia. Frenkel wil met haar trouwen. Op het eerste gezicht is hij een goede jongen, knap, energiek – maar niet erg slim. Ik zal eerst meer gegevens over hem inwinnen voor ik beslis of ik moet proberen haar over te halen. Alles gaat erg traag, ondanks mijn inspanningen, soms heb ik de fut niet. Sara zelf is verschrikkelijk apathisch.

Wat een familie! Frania rukt zich de haren uit (haar eigen haar – ze weigert een pruik te dragen, tegen de vaste gewoonte van orthodoxe vrouwen in). Ondanks haar inspanningen krijgt ze haar kinderen maar niet getrouwd! Sara, Chaïm, Esther, allemaal spartelen ze tegen – zelfs hun broer Motek, die in Polen is gebleven. Hoe Frania zich ook uitslooft, met de mooiste partijen aankomt, haar vier kinderen zijn kieskeurig.

Sara zit vastgekluisterd in het ouderlijk huis in Maków, onder het gezag van haar vader en de ijzeren hand van Frania, wat ze verstikkend vindt, terwijl Chaïm en Esther naar verre oorden zijn weggevlucht om er de vrije lucht in te ademen. Sara:

Ik vond het bezoek van Masza heerlijk, ze heeft een beetje Warschau naar Maków gebracht. Nu zijn we weer mee met de nieuwste mode. Dankzij Masza kennen we nu alle hoofdstedelijke roddels – Masza is beter ingelicht dan de Warschauers zelf! Er is me een uitstapje van tien dagen naar Gdynia aangeboden. Met het oog daarop ben ik een linnen jurk aan het naaien, wit met streepjes. Ik heb hem helemaal afgezoomd met een blauwe volant. Het is eerlijk gezegd niet echt mooi, maar ik had geen keus, het is onmogelijk om aan andere stoffen te komen. Ik maak er nog een wit zijden bloesje en mauve tailleur bij en dan ben ik klaar om me in de hoogste kringen te bewegen! Zua wil graag mee. Ze is als bezeten als ze over die reis praat, en stoort me tijdens het schrijven van mijn brief. Ze is door het dolle heen bij het idee Hebreeuwse journalisten en schrijvers te ontmoeten. Het windt haar meer op dan de reis zelf.

Van al degenen die door de nazistische razernij zijn omgekomen, had mijn vader het meest verdriet over het heengaan van zijn zus Sara, de verrukkelijke, onvoorspelbare Sarusia, die Frania zo moeilijk uitgehuwelijkt kreeg.

Wie schetst dus mijn verbazing toen ik van het Schaarbeekse gemeentebestuur, waar ik had geïnformeerd naar sporen van mijn verwanten in de vooroorlogse gemeenteregisters, te horen kreeg dat zich op 22 januari 1937 een zekere Sara Berenbaum op het adres van mijn vader had ingeschreven. (De archieven van de Staatsveiligheid zijn onverwoestbaar.) Het was dus ook mijn vaders lievelingszus gelukt haar ouders te ontvluchten en in Brussel neer te strijken. Waar ze zich, volgens onze waardevolle informatiebronnen bij de vreemdelingenpolitie, inschreef aan de universiteit om Franse literatuur te studeren.

Hoe kwam Sara ertoe op haar beurt de huiselijke cocon te verlaten, haar stukje paradijs, waar ze, als je Frania mocht geloven, veilig was voor de razernij om hen heen? In een brief die Sara op een dinsdag in 1936 naar Esther stuurde, lezen we hoe ontredderd ze zich voelt en vooral hoe het is om in Maków tussen Frania en Aba te leven – het klinkt veel minder idyllisch dan het portret dat mijn grootmoeder in haar zonnige verslaggeving zorgvuldige schildert van een Pools-Joods dorp heerlijk in de luwte van de stormen van de geschiedenis. Het traditionele beeld van de Joodse familie, door de liefdesband verenigd rond liefhebbende ouders, krijgt een flinke knauw.

Mijn lieve Esther,
Eindelijk heb ik wat tijd gevonden om je te schrijven. Ik ben al een week in Warschau. Elke dag denk ik aan je, maar ik heb de fut niet om je te schrijven. Ik voel me zo leeg. Ik zou een jurk voor mezelf moeten naaien, een paar spullen moeten retoucheren, maar het schiet niets op. Het laat me allemaal onverschillig. Of ik er nu elegant bij loop of in lompen, het maakt me niet uit.
Bij aankomst in Warschau voelde ik me moreel uitgeput. Ik dacht dat verandering van sfeer en omgeving mijn stemming zou wijzigen, maar dat is niet zo. Het minste brengt me buiten mezelf. Meestal blijf ik thuis, en je weet hoe gezellig het daar is... De hele tijd dezelfde verhalen aanhoren, soms ook ruzies. Als ik kan, zoek ik mijn toevlucht bij tante Fela. Een enkele keer ook bij Masza, maar dat is een saaie, ambitieloze burgervrouw geworden. Ook bij de H. is het geen pretje. Hun schoondochter Pola is onlangs gestorven. De meisjes zitten in de put en zoals gewoonlijk zijn ze zo met zichzelf bezig dat ze geen tijd hebben voor hun gast.

Kortom, in Warschau draai ik in een kringetje rond, als een dolend spook. Esther, je weet niet hoe zwaar het leven me hier op dit moment valt. Mijn leven heeft geen doel. De jaren gaan voorbij en niets verandert. Ik ben schuw geworden, ik vind het niet leuk mensen te zien; ik kan niet meer goed tegen hun gezelschap. Om maar een voorbeeld te geven, op het huwelijk van Masza had iedereen veel plezier. Fela was echt euforisch, terwijl ik de hele avond in een hoekje op een stoel zat, op het punt in tranen uit te barsten. Iedereen zag dat ik niet in de stemming was, en verbaasde zich erover dat ik neerslachtig was op het huwelijk van zo'n goede vriendin. Ik weet zeker dat mijn gedrag druk is becommentarieerd. Ik besefte het wel, maar hoe kon ik erbovenop komen als ik niet eens mijn gevoelens onder controle had?

Het enige wat ik wil, is zelf aan de kost komen, zodat ik niet terug naar huis hoef. Ik ben niet graag bij ons thuis. Ik heb er zelfs een hekel aan. Het heeft een rol gespeeld in mijn ongeluk. [...] Ik weet dat onze ouders verdriet om mij hebben, en dat doet mijzelf ook verdriet. Ik zou weg willen om niet voortdurend het bezorgde gezicht van onze vader te zien en niet langer mama's eindeloze gejammer te moeten horen.

[...] Je laatste brief deed me veel plezier. Het zou de oplossing kunnen zijn als ik bij jullie kwam wonen. Een paar dagen lang voelde ik me als herboren. Ik begon zelfs toekomstplannen te maken. Alles leek ineens zo licht en gemakkelijk. Maar daarna begon ik te denken. Wat zou er gebeuren als ik geen werk vond, wat voor 99% zeker is? Ik zou een last voor jullie worden, daar ben ik bang voor. Ik heb een paar honderd zloty aan de kant gelegd, en daarmee zou ik ter plaatse iets kunnen leren. Ach, wat wil ik graag vertrekken! Zo'n ingrijpende verandering zou een aanzienlijke invloed kunnen hebben op mijn karakter. [...] Ik merk dat ik over mijn verdriet spreek zoals ik nooit eerder heb gedaan, en ik schaam me een beetje om deze brief op te sturen. Trek je niet te veel aan van wat ik schrijf. Ik ben zo nerveus dat ik alles somber inzie. Hoe gaat het met Chaïm? Is hij tevreden met zijn werk? Laat hem deze brief niet lezen, hij moet die onzin van me vooral niet onder ogen krijgen. Scheur de brief meteen aan stukken als je hem hebt gelezen. Je kunt naar me schrijven in Warschau, ik ben er nog een week.

In plaats van de brief te verscheuren spoedt Esther zich ermee naar haar broer. En nu zitten beiden Sara dus te porren om Polen te verlaten. Mijn vader voorzag al in het levensonderhoud van een zus en nu zou hij binnenkort voor drie werken.

Toch kan Sara, eenmaal in Brussel, de pijnlijke navelstreng niet doorknippen. Na twee jaar keert ze naar Polen terug. Had ze nostalgie naar haar geboorteland? Voelde ze zich schuldig tegenover haar vader en haar moeder? Vond ze als vrijwillige balling in Brussel haar draai niet? Had ze moeite het Frans onder de knie te krijgen, zich in België te integreren?

Uit een brief van mijn grootvader, gedateerd 28 november 1938, komt een andere reden naar voren. Een reden waar ik helemaal niet aan had gedacht:

Dierbare kinderen,
Eerst richt ik me tot Sara, om een beetje met haar van gedachten te wisselen. Chaïm schrijft me dat hij niet begrijpt waarom je naar huis terug wilt zolang je toekomst niet verzekerd is. Is dat een logische manier van spreken? Een kwestie die in afwezigheid van de partijen kan worden beslecht? Wij hebben met Gods hulp een beetje geld klaargehouden voor je bruidsschat en je mag er beslist wezen. Ik weet zeker dat je, zo God het wil, even goede huwelijksvoorstellen krijgt als je vriendinnen. Je zult het zien zodra je thuis bent. Er worden ons trouwens goede partijen voorgesteld, maar als je er niet bent, moet ik ze helaas afwijzen, telkens met een andere uitvlucht. Dus, lieve Sorele, laat die bevliegingen varen! Denk aan je toekomst, zolang je jong bent en wij nog leven. God verhoede het, we willen niet dat je ongelukkig bent. Wat kun je eraan hebben

om daar nog een jaar langer te blijven en daarna nog een en nog een? Ik denk dat het leven je wel al heeft geleerd dat je niet zoveel moet speculeren. Je lotsbestemming ligt niet alleen in jouw handen. Ik weet zeker dat je na deze woorden mijn hart en mijn verlangen zult begrijpen. Ik druk dan ook de wens uit je heel spoedig terug te zien.

Om die nadrukkelijke wens kracht bij te zetten dringt hij er bij Chaïm en Esther op aan Sara aan te sporen terug naar huis te gaan.

Dierbare Chaïm en dierbare Esther,
Ik verzoek jullie om ook tussen de regels te lezen wat er in mijn brief staat, en te begrijpen wat ik verlang. Jullie kennen me, ik schrijf niet zo gemakkelijk over mijn gevoelens. Beste Chaïm, er is veel wat ik met je zou willen bespreken, maar helaas zijn mijn gedachten niet helder en kan ik niet alles wat ik je diep vanbinnen zou willen zeggen onder woorden brengen. Laat me herhalen dat je je niet verplicht hoeft te voelen om voor de toekomst van anderen te zorgen. Denk aan jezelf! Je bent geen kind meer. Anders is alles verloren, God behoede ons. Ik maak me veel zorgen om al die dingen waarover ik met niemand kan praten. Tot ziens dus. Vind wat tijd om samen te komen, bespreek het allemaal en stuur me onverwijld een concreet antwoord, geen bevliegingen. Ik wens jullie veel goeds, jullie vader Aba.

Uit de dringende adviezen van mijn grootvader kunnen we min of meer reconstrueren wat er is gebeurd. Chaïm en Esther hadden Sara zover gekregen om net als zij de sprong te wagen, ondanks hun vaders tegenstand. Naar Brussel komen voor een studie die haar interesseert: literatuur. Stuk voor stuk bevliegingen die in Maków aanstoot geven. Dat Sara aan de universiteit studeert en in een westerse stad blijft hangen tussen gojims en goddelozen, is voor Aba ondraaglijk. Hoe moet hij zijn dochters grillen uitleggen aan zijn vrienden uit de synagoge, die hem bestoken met vragen en niet begrijpen waarom hij zich zo laks opstelt, zo weinig serieus? Ze zitten nog maar met zijn tweeën aan de gezinstafel en de hele avond slaakt Aba luide smeekbedes, zwaait zijn armen boven zijn hoofd, ondervraagt de Heer en neemt Frania tot getuige van hun rampspoed. Waarom stuurt zijn geliefde God hem zo'n beproeving? 'Waarom moet ik dit verduren? Het is ook jouw schuld, Frania. Je laat alles van de kinderen toe. Al hun bevliegingen. En je ziet wat er van al die dwaasheid komt!'

Hij wist dat hij zijn oudste kinderen Chaïm en Esther niet meer tot andere gedachten kon brengen. Van Sara eist hij dat ze na die paar maanden van dwaling weer naar de sjtetl komt. De vakantie is voorbij! Het wordt tijd dat ze trouwt, zich over een gezin, een man en kinderen ontfermt. Ze wordt er niet jonger op, bromt hij. Laat ze naar Polen terugkeren voordat ze een oude vrijster zonder waardige verloofde wordt!

Een fatale vergissing! Door haar amper een paar maanden vóór de Duitse tanks naar huis te laten keren, drijft Aba zijn dochter niet in de armen van een lieve echtgenoot, maar in het hol van de leeuw.

Lieve, gehoorzame Sara. Teergevoelige, groothartige Sara. Wat heb ik deze tante, die de Duitsers me hebben ontnomen, betreurd! Uit haar brieven, uit het portret dat mijn vader en haar zus Esther van haar hebben geschetst, weet ik dat ik van haar zou hebben gehouden. Ze had niet de overdreven schroom van mijn vader, niet de aristocratische distantie van mijn moeder. Bij haar terugkeer in Polen bleken de beloftes van haar vader vrome wensen. Geen elegante verloofde met zorgvuldig gepommadeerd haar stond haar op het stationsperron op te wachten. Geen groots huwelijk in de synagoge, geen optocht door de dorpsstraten met de fanfare van Maków. De man of mannen aan wie mijn grootvader dacht waren misschien niet naar zijn dochters zin. Bleke baardmannen, devote boekenwurmen, recht uit de sjoel. Sara was veel onafhankelijker dan haar vader dacht. Bedorven door haar moeders genen.

Volgens de politieagent die het bijzondere vreemdelingenregister moest invullen, was 'de reële of vermoedelijke datum' waarop Sara vertrok 20 september 1939. Maar op 1 september 1939 viel het Duitse leger Polen binnen en bezette in een maand tijd het gebied dat ze met de Sovjets hadden bedisseld. Warschau capituleerde op 27 september.

Sara zou dus gelijktijdig met de Duitse tanks in Warschau zijn aangekomen?

Radeloos over de dreiging waaraan zijn lieve zus blootstond, dacht mijn vader dat Aba's noodlottige bevel nog ongedaan kon worden gemaakt. Meneer Optimist! Hij schreef Sara dadelijk na de oorlogsverklaring een brief waarin hij haar smeekte op staande voet naar Brussel terug te keren. Sara leek niet te begrijpen waarom haar broer zo bezorgd was, waar hij zich druk om maakte. In wat voor onvoorstelbare onwetendheid verkeerden de meeste Polen en Joden op dat moment? Was er dan niet één veeg teken van hun gruwelijke einde?

Op 24 januari 1940 schrijft mijn grootmoeder mijn vader een brief. Ze feliciteert hem met zijn huwelijk ('Wij hopen ons nog lang te mogen verblijden in jullie geluk') en brengt hem op de hoogte van de stappen die Sara eindelijk onderneemt om weer naar België af te reizen: 'Sara is in Warschau. Ik weet niet waarom het consulaat haar geen visum wil geven, terwijl haar paspoort geldig is tot 28 januari. Misschien komt het nog in orde. Wij verkeren allemaal in goede gezondheid.'

Alle gezinsleden die in Polen waren gebleven, leven nog – met uitstel van executie, maar dat weten ze niet: Sara in Warschau, de ouders in Maków, en Motek (mijn vaders broer) in een naburig dorp. Maar de familie loopt op haar laatste benen. De laatste relieken ervan heeft mijn moeder eerbiedig in haar kast bewaard, ondanks alle verhuizingen. Zodat ik nu week na week kan volgen hoe Sara zich wanhopig inspant om uit Polen weg te komen.

Op 2 februari stelt mijn grootmoeder mijn vader gerust, zonder één enkele toespeling te maken op de bezetting:

Sara is naar het consulaat gegaan. Maar ze hebben haar gezegd dat ze op 21 febuari terug moet komen. Als het goed gaat, is ze nog voordat jullie dit kaartje krijgen bij jullie. Morgen krijgen we nieuws over haar afreis. Dat we jullie een hele tijd niet hebben geschreven komt door het uitblijven van een beslissing ten gunste van Sarusia's vertrek. We dachten dat ze al vertrokken was en dat zij jullie onze groeten zou kunnen overbrengen.

Op 6 februari begint het er bedenkelijk uit te zien. Sara is naar Maków teruggekeerd.

De weg van Maków naar Warschau ligt er erg slecht bij. Voorlopig neem ik liever geen risico's. Ik logeer hier bij tante Wajnsztok. Iedereen die van Raciąż komt, is nu in Warschau.

Sara beseft dat ze uit de uitzichtloze situatie in Maków weg moet komen, anders zal het nooit meer lukken. Ondanks de gevaren en de Duitse soldaten die zich in het land nestelen, besluit ze (maar laat, o zo laat) weer naar de Poolse hoofdstad te reizen. Op 14 februari:

Liefste dierbaren,
Ik heb jullie kaart goed ontvangen. Ik ben naar de Belgische ambassade gegaan, maar heb niets kunnen regelen, want het secretariaat is tot de 21ste van deze maand gesloten. Zodra ik iets concreters weet, zal ik jullie schrijven. Ik probeer volgende week de rest in orde te krijgen om geen tijd te verliezen als er een gunstig visumbesluit mocht komen.

Chaïm blijft erop aandringen dat Sara hemel en aarde beweegt om weer naar het hemelse Belgische land te komen (heeft ook hij dan niet door dat de Duitsers hém binnenkort onder de voet zullen lopen?) en op 21 februari antwoordt Sara:

Vandaag ben ik opnieuw naar de Belgische ambassade gegaan. Ik heb weer niets kunnen regelen, want de secretaris is niet in Warschau. Normaal gezien is hij een dezer dagen terug. Er valt niets aan te doen. Jullie maken je druk om niets. Morgen ga ik weer. Zodra het me lukt om alles te regelen, kom ik. Het beste, liefs.

'Jullie maken je druk om niets!' werpt ze mijn vader, mijn moeder en haar zus Esther toe. Voelt ze de hete adem van het likkebaardende monster niet in haar nek? De Belgische autoriteiten hebben het beter begrepen en staan op het punt de Poolse hoofdstad te verlaten.

8 maart: 'Ik heb weer slecht nieuws voor jullie.' 'Voor jullie'! Ze is bereid uit Polen weg te gaan, maar alleen om mijn vader te plezieren! Als die niet zo aandrong, bleef ze gerust wel in Maków, net zoals de rest van de familie en haar geloofsgenoten.

> Ik ben gisteren naar de ambassade geweest en op de deur stond een bericht: 'Ambassade tot nader order gesloten'. Ik weet niet wat ik nu moet doen. Het schijnt dat de viceconsul momenteel in België is. Normaal gezien zou hij op 21 februari terug zijn, maar hij is nog niet verschenen. Hij heet Champelier of Champetrier. Kunnen jullie eens horen of er een vervanger is? Misschien moet ik bericht krijgen van de Belgische ambassade in Berlijn?

Haar voornaamste zorg is niet het noodlot dat haar op de hielen zit, maar hoe het met haar broer en zus in Brussel gesteld is.

> Wat hebben jullie zoal nog beleefd? Hoe gaat het daar? Is Esther blij met haar nieuwe baan? Waarom is ze weggegaan uit Luik, ze had er toch goed werk?

Ze kan niet verhelen dat ze ongerust is over hun ouders:

> Ik heb ook van thuis geen nieuws meer. Ik hoop dat er vandaag een brief is. Het beste, veel liefs.

Op 14 maart eindelijk wat hoop: ze heeft toestemming om het land te verlaten. Maar het is een illusie. De ambassade van België geeft niet thuis en zonder visum kan ze onmogelijk weg.

Lieve dierbaren,
Intussen heb ik de toestemming van de Staatsveiligheid. Ik zal hier geen visum kunnen krijgen, want de ambassade is dicht. Jullie hebben toch mijn Warschause adres opgegeven? Ik zou een bericht uit Berlijn moeten krijgen waarmee ik dan mijn visum kan gaan halen. Als ik dat niet heb, geven ze geen *ausreiz-schein* (uitreisvergunning). Ik wacht nog een paar dagen af en als dat bericht niet komt, schrijf ik zelf naar de ambassade om het na te vragen. Het adres is zoals altijd: Zamenhof 27/8.
Het beste, heel veel liefs.

België heeft Warschau definitief opgegeven. Ook al is het nog niet in oorlog met Duitsland. Sara heeft echt geen flauw vermoeden van wat er aan de hand is, en schrijft op 24 maart dat ze voornemens is naar Berlijn te reizen:

Deze week heb ik een bericht gekregen van de ambassade in Berlijn. Ze willen dat ik mijn visum persoonlijk kom halen. Maar blijkbaar is dat momenteel erg moeilijk, want om naar Berlijn te gaan heb ik eerst een toestemming nodig. Het zal tijd kosten voor ik die heb. Ik wil zo graag zo vlug mogelijk bij jullie zijn, maar ik kan niets doen om de procedures sneller te laten verlopen. Ik hoop dat het uiteindelijk lukt.

Met de afstand der jaren lijkt Sara's plan bijna te gek voor woorden: een Poolse Jodin die binnenkort in een vernietigingskamp zal omkomen, wil de trein Warschau-Berlijn nemen om in hartje hoofdstad van het Reich, op een steenworp afstand van het paleis waar de Führer en zijn kornuiten de Endlösung beramen, haar inreisvisum voor België op te halen...

De volgende maand komt de oorlog dichterbij, maar de post wordt nog altijd bezorgd. Frania's laatste brief is gedateerd 14 april, vlak voor de definitieve verbreking van de communicatie.

Ik weet niet hoe het met Sarusia gesteld is, want ik heb haar sinds januari niet meer gezien. Ze hield altijd van heftige ervaringen, daar heeft ze nu geen gebrek aan!

Mijn grootvader schrijft er nog twee zinnen bij, het zijn de laatste woorden die zijn kinderen van hem te lezen zullen krijgen.

Mijn hartelijke groeten, liefs, lieve dierbaren. Ik wens jullie goede feestdagen en al het beste. Jullie liefhebbende vader, Aba.

En op 20 april Sara's laatste, hoopvolle brief.

Je laatste brief is hier goed aangekomen, Chaïm. In het begin was ik boos omdat je de zaak naar je toe probeerde te trekken. Ik wilde alles zelf regelen om geld uit te sparen. Misschien heb ik het niet goed aangepakt. Ik hoop dat het nu niet lang meer duurt. Ik zal alles doen wat ik kan. Ik heb naar de ambassade geschreven. Ik wist niet dat je ze alles moest uitleggen en alles moest motiveren. Op het bericht staat geen datum van ontvangst van het visum. Intussen heb ik een korte overjas genaaid en bereid ik me voor op mijn vertrek. Veel liefs. Sara.

Ironie van het lot: vertrekken zál ze, maar jammer genoeg niet naar Brussel. Haar spoor loopt dood.

Sinds ik aan deze kroniek ben begonnen, leef ik dag na dag mee met de lotgevallen van elke protagonist. Sara's brief van 20 april 1940 was volgens het lijstje van haar brieven en ansichtkaarten dat ik mijn vertaalster had toegestuurd haar laatste teken van leven. En kijk, daar bezorgt de vertaalster me een brief die me was ontgaan, gedateerd 15 april 1941.

Staat u mij toe dat ik en passant weer mijn petje afneem voor de organisatie van de toenmalige openbare diensten. De Europese ambtenaren kunnen er een punt aan zuigen! Nadat de Duitse autoriteiten met een schrikbarende efficiëntie de Joden in Polen hebben gearresteerd en opgesloten in een paar grootstedelijke wijken, waar ze met muren afgescheiden zijn van de rest van de bevolking en ondervoed in onbewoonbare huizen samengepakt leven, maken die autoriteiten zich nu gereed om degenen die inmiddels niet aan honger, kou of ziektes zijn bezweken uit te roeien. Maar aan de postdienst wordt niet geraakt! Tegenwoordig worden kantoren en buslichtingen afgeschaft en postbodes ontslagen. In 1941 worden de brieven van een Jodin die in het Warschause getto vastzit totdat ze naar het kamp des doods zal reizen, door de nazistische postdienst zorgvuldig aan haar broer en zuster in bezet Brussel besteld. Een soort echo van het zeer professionele onthaal waarop mijn moeder op hetzelfde moment mocht rekenen bij de Franse spoorwegen in een ontredderde, gebombardeerde, in brand gestoken, door vijandelijke tanks omsingelde stad. Vanuit haar kamer in Nowolipki 14/10 schrijft mijn tante bibberend van de kou een brief aan haar zus Esther. De toon is veranderd. De zus van meneer Optimist weet dat haar weg ten einde loopt.

> Ik heb je laatste kaart gekregen. Die heeft mijn brief gekruist, die vast en zeker al is aangekomen. Ik heb je gevraagd me een donkere jurk toe te sturen. Het geeft niet als die er niet meer netjes uitziet. Het zou me erg van pas komen. Het zou ook goed zijn als je van mijn korte grijze overjas een blazer kon maken – een sportief jasje dus zonder kraag, met zakken en achteraan figuurnaden, voor bij mijn marineblauwe rok. Mijn pak zit verschrikkelijk nauw. Als je je driekwartjas kunt missen, mag je die opsturen, want ik heb geen korte overjas meer. Van mijn zomerjas van vorig jaar heb ik een winterjas gemaakt, want mijn bontmantel is gestolen. Onze ouders weten het niet. Als het te moeilijk is om me al die dingen te sturen, geeft het niet, ik kan er ook wel zonder, ook al heb ik het eigenlijk absoluut nodig.

Toch vindt ze nog de kracht om zich te bekommeren om haar zus en haar broer: 'Hoe gaat het met jou, lieve zus? Hoe heb je de feestdagen doorgebracht? Ik hoop dat je ten minste bij Chaïm was. Heel veel liefs, Sara.'

Daarna komt de laatste, de allerlaatste kaart aan Esther, gedateerd 29 juli 1942. (De zomer waarin de Duitsers starten met de Endlösung in Warschau – de deportatie naar het kamp van Treblinka.)

Lieve zus,
Je maakte je waarschijnlijk al zorgen om me. Al mijn goede bedoelingen ten spijt kon ik je niet eerder schrijven. Wat er ook gebeurt, zit over mij niet in, liefste. Ik ben jong, gezond, en heb hoop. Maak je dus geen zorgen. Lieve zusje, ga naar Chaïm en doe hem mijn groeten. Omdat ik nu geen andere ansichtkaart heb, kan ik dat niet zelf doen. Doe Ania de groeten van Felka, ik heb haar gisteren gezien. Stuur bij gelegenheid een briefje naar huis om te zeggen dat jullie nieuws van me hebben. Zorg goed voor jezelf. Oneindig veel kussen en liefs. Ik hou van je, Sara.

De vele kussen die ze met haar brieven meestuurt, zijn niet in rook opgegaan. Ik voel ze op mijn wang terwijl ik schrijf. Ze zijn hartverwarmend en doen me huilen, alsof haar schim stilletjes in mijn werkkamer is binnengeslopen, zich over me heen buigt en haar koele lippen op mijn huid drukt. Lieve Sara, die ik niet heb gekend, maar van wie ik zo heb gehouden.

Esther

In het oosten van Europa laten de nazi's de familie Berenbaum voorgoed van de aardbodem verdwijnen. En hoe zit het met Chaïm en Esther in het Westen? Het verhaal van hun verstandhouding is geen zondagswandeling. Wie een nieuwsgierige blik onder de nevelslierten werpt, komt voor huiveringwekkende afgronden te staan. Iemand die last heeft van hoogtevrees krijgt van de artsen de stellige aanbeveling niet aan bergbeklimmen te doen. Ik ben in dat geval. Zodra ik me ben gaan verdiepen in de verborgen kant van mijn vader, botste ik op een gletsjer: zijn relatie met zus Esther. Zet u zich alvast maar schrap, zodat u niet uitglijdt!

Esther was een paar jaar na haar broer in België aangekomen en bij hem ingetrokken. In 1937 kregen ze gezelschap van Sara. Twee à drie jaar woonden de drie kinderen van Frania en Aba onder één dak, in het besloten appartementje boven de apotheek waar mijn vader werkte. Chaïm en zijn twee zussen, 'zijn twee vrouwen', aan wie hun moeder Frania maandelijks het rooskleurige relaas deed van de gebeurtenissen in hun geboortedorp, vormden aanvankelijk een symbiotisch trio. Terwijl Chaïm op de begane grond wonderpillen en -siroop maakte, zaten zijn twee zussen op de bovenverdieping te studeren. 's Avonds na de maaltijd luisterden ze naar de radio en lazen ze kranten. Of liever, legde mijn vader beslag op de Belgische dagbladen en de Poolse kranten (die ze van Aba toegestuurd kregen) en las die hardop voor, waarbij hij na elk artikel zijn lectuur onderbrak om zijn zegje te doen: 'Kijk die politici naar Berlijn hollen om Hitlers hielen te likken en hem hun rotzooi te verkopen.'

'Lees verder, Chaïm, lees verder!'

Noodgedwongen neemt hij de krant weer op, tot hij bij een ander nieuwsbericht opnieuw in woede uitbarst: 'Bende onverantwoordelijke sufferds! Toe maar! Geef jullie geweren en kanonnen maar allemaal aan hem af, kunnen jullie morgen met jullie eigen wapens worden kapotgemaakt!'

Na zijn kamergenoten in Luik zijn het nu zijn zussen die moeten luisteren naar zijn preken over de arrogante nazi's, de laffe

Europese leiders, de oorlog die opdoemt aan de horizon, het lot van de Joden in Polen...

'Mond dicht, Chaïm! We blokken voor ons examen!'

Wat zijn die drie toch serieus! Aba heeft het mis als hij vreest dat ze zich laten meeslepen door *bevliegingen*. Hij heeft hun altijd bijgebracht dat de kern van het leven in boeken te vinden is. En niet in cafés of balzalen. Waarom zou Chaïm achter de meisjes aan zitten als hij door zijn twee zussen in de watten wordt gelegd? Trouwens, wat heeft hij meisjes te bieden? Het drietal kan amper rondkomen. Toch slaagt Chaïm erin geld opzij te leggen, ondanks zijn schamele inkomsten en de slechts sporadische hulp van hun ouders. Wat een zuinige harde werker! Rotsvast van plan in België te blijven en zich in deze moderne, wereldbeschouwelijk neutrale samenleving te integreren, ver weg van de liefelijke schijnrust en de authentieke, maar verstikkende gezelligheid van de Poolse sjtetl. België is zijn Amerika, een kosmopolitisch land waar Joden altijd veilig zullen zijn, een oase op de kaart van Europa.

Maar de boog kan toch niet altijd gespannen zijn? Wordt hij sommige nachten niet dronken van verlangen? Voelt hij geen begeerte? Is hij braaf blijven wachten tot de prinses van zijn dromen op een ochtend in zijn farmacie verscheen, voordat hij eindelijk toegaf aan zijn seksuele drift? Helaas is er geen enkele aanwijzing van een geheime liefde, geen dubbelzinnig woord, geen foto, geen haarlok in een medaillon die me op het spoor zet. En ook niet de geringste toespeling in de mij bekende brieven van zijn zussen. Zou Chaïm dan geen vrouw hebben gekend vóór Rebecca? Mijn vaders archieven werden bijgehouden door mijn moeder, wat de leemte kan verklaren...

Als de vermoeidheid toeslaat, praten Aba's kinderen onder elkaar weleens Pools of Jiddisj. Afgezien van die paar onbewaakte momenten is Frans de regel. Zonder het goed te beseffen hebben ze alle drie hun vaders discipline geërfd, die urenlang een zinnetje uit de Talmoed kan uitpluizen om tot de kern te komen – met het risico dat zijn publiek intussen de uitputting nabij is.

Mijn vader werkt, zijn twee zussen berederen het huishouden, koken, doen de vaat, om daarna met hun neus in de boeken te duiken. De drie jongelui gaan niet veel uit. Soms pikken ze een terrasje als de lente in het land is, of een film. En geregeld maken ze een ommetje langs het administratieve kantoor om hun altijd maar voorlopige verblijfsvergunningen te vernieuwen. Als ze iemand zien, zijn dat vooral vrienden, Joodse immigranten zoals zij. Ze gaan niet om met afstammelingen van zoveelstegeneratie-immigranten, inmiddels brave burgers die een beetje neerkijken op nieuwkomers en klagen dat er binnenkort *te veel vreemdelingen in dit land* zullen zijn.

Het trio heeft een zeker evenwicht gevonden. Tot op de dag dat Sara op last van haar vader naar Polen terugkeert. Nu is Chaïm van Esther. Alleen van haar. Maar nauwelijks heeft ze de huishoudelijke touwtjes in handen genomen of haar plannen worden omvergeblazen. Een tornado in de vorm van een jonge schone met gladde, bruine huid en grote, indringende ogen, een brunette met matbruine huid en kastanjerood haar wandelt als een filmster de apotheek binnen en verschroeit alles wat op haar weg komt. En steelt het hart van de apotheker.

'Daarom zal een mens zijn vader en zijn moeder verlaten en zich hechten aan zijn vrouw, en die twee zullen één zijn.' (Gen. 2:24)

Ook en vooral zal hij zijn zus verlaten... Esther wordt algauw te aanwezig. Maar geen haar op haar hoofd denkt eraan plaats te maken! Rebecca neemt er geen vrede mee de leemte die Sara achterlaat gewoon op te vullen door Chaïm met Esther te delen. De sfeer wordt erg gespannen.

In dit 'klimaat' kan ik niet gelukkig zijn. En ik verlang zo naar rust. Ik zie het geluk als iets eenvoudigs waar voor intriges geen plaats is en eerlijkheid, vriendelijkheid, hartelijkheid en gemeenschappelijke belangen de boventoon voeren. Helaas valt daarvan in mijn naaste omgeving niets te bespeuren. Mijn broer (broer, helaas) is een verschrikkelijke egoïst, ondanks zijn 'goede inborst'. Hij verdraagt zelfs niet dat ik met zijn aanstaande kan opschieten. Ik heb vandaag hete tranen geschreid, gewoon omdat we met zijn drieën in een kamer zaten en hij zo nodig met zijn vriendin in zijn werkkamer moest gaan zitten om haar een boek te laten zien dat hij had gekregen. Met een harteloze klap sloeg hij de deur dicht. Ik voelde me beroerd, en onder meer dat ene voorval heeft ervoor gezorgd dat ik me een moment dieptriest heb gevoeld. En zo stapelen zich elke dag meer van dat soort feiten op die me psychisch en fysiek verzwakken. Die sfeer wordt voor mij onleefbaar. Gisteren nog vroeg hij me 5 franc, ik had die niet, en ik zei het. Als antwoord kreeg ik dit: 'Geef me 5 franc, je krijgt er 100 terug.' Mij wilde hij omkopen...

Zo klinken Esthers opgewonden gedachten, kort na Rebecca's komst (op een paar velletjes die ik tussen mijn moeders papieren heb gevonden). Dat is haar kijk op het leven met zijn drieën sinds de komst van de indringster, de vreemdelinge, Rebecca – noem haar Kuka, zoals iedereen.

In hoeverre moeten we geloof hechten aan haar klachten? Zit er een stuk paranoia achter? Leed ze aan achtervolgingswaan? Haar uitspraken zijn ongetwijfeld niet letterlijk te nemen.

Wat je aan een dagboek toevertrouwt, is altijd een mengeling van een beetje realiteit en veel frustatie. Wat zou ik mijn vader bovendien bij verstek veroordelen, louter op grond van Esthers verklaring, zonder te beschikken over zijn versie? En over Kuka's getuigenis? En vooral Sara's verhaal, dat erg verhelderend was geweest om te weten hoe het drietal een paar maanden eerder samenleefde.

Esthers naijverige opwinding klinkt door in een brief (in het Pools) aan Chaïm en Kuka. Waarschijnlijk schreef ze deze brief in 1940, toen Esther, Chaïm en zijn prille echtgenote nog hoopten op een weerzien met Sara, die in Polen gevangenzat als een vlinder in een kamer waarvan het raam dicht is voor de nacht.

Liefsten,
Ik ben erg nerveus. Ik weet dat ik tot bedaren zou moeten komen, maar het lukt me niet. Ik heb erg zitten nadenken hoe we Sara gaan ontvangen. Ik zou twee kamers willen

huren. De ene zou een keuken-eetkamer zijn, en de andere een studio. Voor de studio zou ik op afbetaling een sofa kunnen kopen met een boekenkast, een ronde tafel, twee fauteuils en stoelen, zoals bij jullie. Verder zou ik een kast nodig hebben. Voor de keuken zou ik met plezier de tafel gebruiken die in onze vroegere eetkamer stond, beste Chaïm, en de stoelen en de slaapbank van boven, want we hebben twee slaapplaatsen nodig. Een van ons tweeën zou op de sofa slapen en de ander op de slaapbank. Ik zou ook een keukenkast kopen (allemaal op afbetaling). Sara kan in geen geval bij jullie wonen. Boven op de slaapbank slapen gaat niet – het is gewoon één ruimte met jullie slaapkamer en beneden is ook niet goed, het is onmogelijk. Zeg me wat jullie ervan denken. [...] Ik zou willen dat alle beslissingen genomen zijn voordat Sara arriveert, zodat ze niet denkt dat ze ons tot last is. O, wat kijk ik uit naar haar komst! [...] Ze heeft me juist een ansichtkaart gestuurd. Het verbaast haar dat ze niets meer van Chaïm heeft gehoord. Ze vraagt zich af of jullie haar kaartjes wel krijgen. Vreemd, want ik krijg al haar kaartjes! Ik heb haar geschreven dat alles hier heel goed gaat. Ik heb haar aangeraden in Warschau te blijven en te proberen de zaak zo snel mogelijk te regelen, want verdere stappen hangen alleen nog van haar af. Geef snel antwoord. Liefs. Esther.

In Sara's ansichtkaarten uit het bezette Polen valt niets te merken van spanningen tussen Chaïm en Esther. Lieten ze haar in onwetendheid over hun meningsverschillen of overdreef Esther alles toen ze haar gedachten in een bijzonder zwaarmoedige bui aan haar dagboek toevertrouwde?

'Hoe gaat het met jou, lieve zus? Hoe heb je de feestdagen doorgebracht? Ik hoop dat je ten minste bij Chaïm was', schrijft Sara in april 1941 aan Esther. Ontembare Sara, die het in haar kamertje midden in het Warschause getto over geluk heeft! Wat een verschil met het onrustige, nerveuze temperament van Esther. Zij schrijft in haar dagboek:

Ik ben zo kwetsbaar, ziek misschien, wie weet? Ik heb zo'n behoefte aan wat vriendelijkheid en hartelijkheid: ik heb behoefte aan zorgzame aandacht, ja, zorgzame aandacht. Maar ik sta helemaal alleen. Ik mag dan misschien wel gezelschap hebben, het put me uit om zo weinig vriendschap en oprechte gevoelens te kunnen ervaren. Ik ben niet in staat wie dan ook lief te hebben en wijs vrijers van de hand. Gewoon flirten kan ik niet. Trouwens, niets kan ik licht en luchtig opnemen – wat een ellende! (Flirten is volgens mij geen sport, maar zou de uitdrukking en het teken moeten zijn van diepe gevoelens). Wat een domme kijk op de wereld heb ik toch…

Door de harde oorlogsomstandigheden en de intensievere jacht op de Joden zal de kloof tussen Chaïm en zijn zus Esther nog groeien, terwijl de stemmen van Frania, Sara en Aba wegvallen – en daarmee de enige reden om de schijn op te houden en de meningsverschillen toe te dekken.

Alle drie komen ze gewond en gehavend, maar levend uit de beproeving. Zonder dat hun persoonlijke wonden zijn geheeld. Alleen als hun moeder plotseling uit de doden verrijst, veinzen ze noodgedwongen weer toenadering. Kort voor mijn geboorte was Frania naar België gekomen, waar ze bij Esther ging wonen, die nog altijd single was. Vijf jaar later trok ze naar het beloofde land. Tot dan komen de overlevenden van het ouderlijke gezin, ogenschijnlijk eensgezind, elke zondagmiddag bijeen rond Rebecca's kip met appelmoes.

De gemoederen bedaren een beetje, temeer daar Esther eindelijk de liefde vindt. Een wat getikte uitvinder uit Bessarabië die zonderlinge voorwerpen maakt. En die een heerlijk, dichterlijk kind bij haar verwekt – mijn neef. Abracadabra! Het toverstafje dat van Chaïm een doorsnee-Belg heeft gemaakt, hult nu ook Esther in een wolk van glitters. Brengt het ook verzoening tussen Aba's overlevende kinderen?

Uit het ongeval bij de Vervierse illusionist was gebleken dat zelfs de handigste artiest op een avond een nummer kan hebben dat compleet fout loopt. De magie tussen Chaïm en Esther is duidelijk uitgewerkt. Hun relatie ligt even onherroepelijk aan stukken als het vrouwenlichaam in de kist van de goochelaar op het podium van het Grand Théâtre. Doek!

Een paar jaar later baten Chaïm en Esther op luttele meters van elkaar elk een apotheek uit zonder ooit nog elkaars pad te kruisen.

Nunia

Dat mijn grootmoeder het er levend van afbracht, was bijna een wonder. Wat dan te zeggen van het overlevingsverhaal van Nunia, mijn moeders jonge zus?

Toen Rebecca in Brussel ging studeren, bleef haar jongste zusje bij hun moeder in Vilnius. Ze maakte daar verder haar school af, eerst op het *lycée français* en toen dat dichtging op een Poolse middelbare school. Hun gezin hield er niet-confessionele, resoluut moderne opvattingen opna. Al die baardige dorpsmannen die zich voortdurend opsloten in de synagoge met zijn middeleeuwse tradities en zijn religieuze obscurantisme, waren in hun ogen achterlijke lieden. Aba's baardhaar ging ervan overeind staan! Maar goed dat hij in januari 1940 vanwege de Duitse tanks niet uit Maków weg kon, of het was nooit tot een huwelijk tussen Chaïm en Rebecca gekomen...

De vader van Nunia en Rebecca stierf toen ze nog kind waren. Zijn vrouw Lena runde nu de stoffenwinkel die hij in het centrum van Vilnius was begonnen. Sinds de Grote Crisis stonden de zaken op een laag pitje. Thuis moesten ze de buikriem aanhalen, ze woonden met zijn vijven. Vijf vrouwen. Lena, haar twee dochters Rebecca en Nunia, en de twee vrijgezelle zusters van hun vader. Het dagelijkse menu werd bepaald door het aantal meter stof dat Lena de dag ervoor had verkocht. Na de Duitse invasie werden Lena en haar schoonzussen opgesloten in het getto van Vilnius. Ze verdwenen spoorloos. Eerst zat Nunia samen met hen gevangen in Vilnius, een paar weken later werd ze naar het getto van Riga in Letland overgebracht, en vandaar werd ze naar het concentratiekamp van Kaiserwald gestuurd, waar de meeste overlevenden van het geliquideerde getto van Vilnius waren samengezet. Toen de Sovjettroepen naderden, ontruimden de Duitsers het kamp en dwongen de gevangenen die ze niet hadden neergeschoten, tot lange, uitputtende marsen, waarbij velen het leven lieten. De Sovjetsoldaten haalden hen in en bevrijdden in oktober 1944 het kamp van Kaiserwald en daarna de kampen waarnaar de Duitsers op hun terugtocht de gevangenen hadden overgebracht. In een ervan troffen ze Nunia aan, ziek, vel over been, maar levend. Een Franse arts getuigt in een brief die hij naar mijn ouders stuurt zodra hij terug in Frankrijk is:

Mejuffrouw Nunia Bieniakonska bevond zich in Gnewin, in Pommeren, bij de Poolse grens, waar ze door de Russen uit het kamp van Huthof[6] was bevrijd. Ik hoef u niet te vertellen wat ze moet hebben doorstaan, vooral de laatste maanden (vierhonderd van de duizend gevangenen zijn van honger of aan tyfus gestorven). Die gruwelen zijn uitgebreid aan bod gekomen in de kranten. Voeg daarbij dat de SS'ers nog minder scrupules hadden om Polen te folteren dan Fransen. Toen ik haar zag, verkeerde ze in goede gezondheid en verbleef ze in het dorp waar ik als chirurg in het ziekenhuis werkte. De Russen hebben haar in de watten gelegd, vooral een kolonel, die een echte vader was voor al die arme gedeporteerden. Ze hadden achthonderd koeien in het dorp verzameld om al die stakkers eten te geven. Ze is nu secretaresse in het ziekenhuis, maar dat is niet erg vermoeiend, zelfs tamelijk licht werk. Ze heeft me gezegd dat het haar droom is te emigreren, als de Russen toestemming zouden geven. Ik geloof dat ze als mogelijke bestemming over Amerika sprak, maar ze zal eerst Brussel aandoen. Ik denk dat het niet moeilijk is met haar in contact te komen, want Pommeren is door de Duitsers geëvacueerd om er Polen onder te brengen. Bovendien is het Russische ziekenhuis intussen weg. Toch wilde ze daar zo lang mogelijk blijven vanwege de uitstekende voedselvoorziening. Pas op als u haar wilt schrijven! Vraag op het consulaat hoe de stad Gnewin in het Pools heet. En richt u in ieder geval tot mevrouw Catroux, onze ambassadrice in Moskou, die zich met al deze aangelegenheden bezighoudt voor het Rode Kruis.

Hoewel Nunia door vriendelijke Russische soldaten wordt verwend, besluit ze het Rode Leger niet naar de USSR te volgen. Ze is in het kamp van Riga verliefd geworden op een andere gevangene, die haar overhaalt om samen naar Amerika te reizen, om het even waarheen, alles liever dan zich in Stalins armen te storten. Na verschillende vruchteloze pogingen kunnen ze een visum bemachtigen voor Venezuela, wat hun eindelijk een uitweg biedt uit Polen. Op weg naar Caracas strijken ze neer in Brussel, juist op het moment dat Rebecca de magiër een zoon schenkt. Nunia blijft even bij haar zus om de ukkepuk te helpen vertroetelen en maakt zich ook nuttig in Chaïms apotheek. Maar haar Amerikaanse droom eindigt niet voor de Noordzee, zoals bij Chaïm en Rebecca het geval was. Na een jaar besluiten Nunia en haar man hun reis voort te zetten. Ze steken de Atlantische Oceaan over en vestigen zich in Toronto, waar Nunia op haar beurt het teruggevonden leven viert door een meisje op de wereld te zetten – mijn nichtje.

Voor Chaïm en Kuka, voor Esther, voor Nunia lijkt een nieuwe wereld open te gaan. Frania is de enige getuige van de Oude Wereld. Tot opeens een laatste personage uit het verleden opstaat.

De laatste schim

Verkeerd weggeborgen in een plastic hoesje dook ineens een veel recentere brief op. Hij was in het Pools geschreven, maar vanuit Israël op 1 november 1964 naar mijn vader gestuurd.

Toen de brief eenmaal was vertaald, ontdekte ik dat mijn vader een neef had, Motek. Het zoveelste wonderlijke traject in de familie van meneer Optimist, een laatste echo uit het leven van daarvoor, waarvan de bladzijde definitief zou worden omgeslagen totdat ik me ertoe zou zetten in de tijd terug te gaan.

Zeer dierbare Chaïm,
Wel bedankt voor je hartelijke brief. Excuseer me dat ik niet eerder heb geantwoord. Ik was een beetje ziek, maar het gaat nu beter. Chaïm! Onze gezamenlijke herinneringen dateren van meer dan 30 jaar geleden! Jij was een plichtsbewuste leerling en ik een jongetje dat soms naast je in bed lag in de kleine, donkere kamer in Mlawa. Toen ik je brief kreeg, dacht ik spontaan aan die goede oude tijd terug. Bij het uitbreken van de oorlog verbleef ik in Maków, zoals elk jaar in de vakantie. Ik ben naar Warschau gevlucht, waar ik je broer Motek en je zus Sara heb ontmoet. Uit Polen vluchtte ik naar Rusland. De hele oorlog lang bleef ik in de USSR. In 1946 keerde ik terug naar Polen, waar ik getrouwd ben. Mijn vrouw en ik konden naar Israël afreizen door als vrijwilligers bij de Hagana te gaan. We moesten onmiddellijk naar het front.
Gelukkig voor ons kwam er kort nadat we in dienst waren gegaan een einde aan de oorlog met de Arabieren. Als je in die tijd als soldaat het land inkwam, mocht je geen bagage meenemen. We moesten ons leven dus weer van nul af aan beginnen.
Mijn vrouw heet Chedwa. Ze werkt als boekhoudster. Ik heb eerst als frezer gewerkt. Om gezondheidsredenen heb ik van werk moeten veranderen en nu ben ik administratief medewerker in een buizenfabriek. Ik heb twee dochtertjes, die veel vreugde en geluk in mijn leven brengen. Ilana is

vijftien en zit al in het zesde jaar van het gymnasium. Ze zingt mooi en speelt accordeon. Miry is zeven en zit in het tweede leerjaar, ze hoort bij de beste leerlingen van haar klas.

En nu, Chaïm, een paar woorden over je mama, mijn zeer dierbare tante.

Frania is de parel van de hele familie. Ik hoor haar graag haar meningen en gedachten verkondigen. Ze is zo'n wijze, slimme vrouw! Ik vind het jammer dat ik zo ver van haar vandaan woon en haar niet vaker kan opzoeken. Moge God haar nog vele gezonde en gelukkige jaren schenken! Ik vernam van je mama dat je zoon Alain ziek is geweest. Goddank dat het nu beter met hem gaat! Ik hoop dat jullie allemaal gezond en wel mijn brief krijgen! Mijn hartelijke groeten aan je dierbare vrouw. Groeten aan Alain, moge hij een echte steun en toeverlaat voor je zijn!

Chedwa, Ilana en Mira groeten jullie hartelijk. Je Motek.

Wat is er van Motek geworden? En van zijn familie? Deze laatste echo, deze late, onverwachte echo uit de verdwenen sjtetl lijkt me, geloof ik, iets toe te voegen aan het beeld dat langzaam vorm had gekregen toen al die stoffige documenten uit de piëteitsvol door mijn moeder bewaarde kist tevoorschijn waren gekomen. Het getuigenis van deze verre neef geeft ons ook een vollediger beeld van Frania. Wat had ik hen graag willen horen als ze met hun tweeën de wereld verbeterden...

Volgend jaar in Jeruzalem

Heb ik u verteld dat België voor Chaïm de Hof van Eden was? Dat was een te gunstige voorstelling van zaken, kan ik u nu wel bekennen. Deze keer zeg ik eerlijk hoe het zit. België werd eigenlijk pas Chaïms Hof van Eden toen de poorten van het aardse paradijs, het enige echte met het stempel 'koosjer', voor hem waren dichtgevallen.

Kort na het einde van de oorlog besloot mijn vader België te verlaten en naar Palestina te gaan. Hij had er alles aan gedaan om elk spoor van zijn geboorteland uit te wissen (behalve wat wodka betreft) en een echte Belgische burger te worden (behalve wat bier betreft). Gooide hij de handdoek in de ring? Terwijl hij vijftien jaar lang verbeten moeite had gedaan om op meneer Janssens te lijken, zich vertrouwd te maken met Frans en met voldoende Vlaams om een klant die in het Aalsts uitlegde waar het pijn deed de juiste pil in de maag te splitsen, te raden of zijn gesprekspartner fan was van Union Saint-Gilloise, van Daring of van Standard, christensocialisten en christendemocraten van elkaar te onderscheiden, te weten of hij een aanhanger van koning Leopold III dan wel een militante republikein voor zich had, uit de doeken te doen waarom die van Luik een hekel hadden aan die van Charleroi (en omgekeerd), de namen van alle politici mét partij op te sommen, ook als ze herhaaldelijk van partij waren veranderd, en met een kennersoog degenen die in de oorlog het juiste kamp hadden gekozen, degenen die zich hadden vergist maar tijdig van gedachte waren veranderd, en degenen die dat te laat hadden gedaan maar zich er toch nog uit hadden gedraaid, in het juiste vakje onder te brengen. Hij had zich zo ingespannen om deze begrippen te ontsleutelen, die nog duisterder waren dan de kabbala, en wendde zich nu af van dit land, waarvan hij de zondagse kip met appelmoes, de prestaties van de fietshelden en het gevoel voor spot zo had leren omarmen? Zag hij dan niet dat de naar Israël geëmigreerde Joden vergeten hadden om humor op hun inpaklijst te zetten – al moet gezegd dat de meesten van hen natuurlijk zonder koffer reisden? Pools-Joodse humor lijkt verbluffend goed op Brusselse humor, op *zwans*, de typische vorm van zelfspot van volkeren die onder vreemde bezetting hebben geleefd. *Zwans* heeft iets weg van waterzooi, dat traditionele Belgische gerecht, een soort met room gebonden groentesoep of eigenlijk stoofpot waarin ingrediënten zwemmen die zijn afgesnoept van alle veroveraars die zich ooit in dit land hebben gevestigd en mede vormgaven aan de Belgen, het bontste volk van Europa, de *zinnekes*, zoals ze in Brussel worden genoemd – het woord wordt ook gebruikt voor bastaardhonden.

Hoe valt te verklaren dat mijn vader meteen na de bevrijding van zijn dierbare België ineens een onweerstaanbare drang kreeg om de Middellandse Zee over te steken? Weliswaar waren er veel andere, even degelijke Belgen die het bittere vaderland wensten te verlaten om een nieuw leven op te bouwen in contreien waar geen oorlog had gewoed. Omdat ze slachtoffer waren geweest van vernedering, of gevangen hadden gezeten, of voor sommigen ook vanwege de barre, beangstigende vooruitzichten vlak na de bevrijding.

Zodra Hergé lucht kreeg van mijn vaders plannen, diende hij zelf ook een emigratieverzoek in. Had Kuifjes papa – die op grond van een paar dubieuze tekeningen en zijn trouw aan vrienden die zich zogenaamd met collaboratie hadden ingelaten, door sommigen van antisemitische sympathieën werd verdacht – zin om Chaïm naar het beloofde land te volgen? In een brief aan een van zijn vrienden verklaarde Hergé dat hij België voorgoed wilde inruilen voor Brazilië of Argentinië. Dat beweren in ieder geval zijn biografen. Maar was Zuid-Amerika geen droombeeld, een vals spoor, zoals het visum voor Venezuela waarmee mijn moeders zus Nunia uiteindelijk niet in Caracas, maar in Toronto is beland? Na de oorlog stuurt Hergé zijn held terstond naar Israël op avontuur, en niet naar Brazilië of Argentinië. Is dat geen teken? Een soort aftasten van het terrein? Ik blijf erbij dat Hergé mijn vader achterna heeft willen gaan om op het Karmelgebergte een clubje ex-Brusselaars te vormen dat samen lachend herinneringen zou ophalen aan het *gezwans* van Kwik en Flupke en evengoed aan de tribulaties van Tevje de melkboer, wiens toon zo merkwaardig goed op die van de vrolijke Brusselse *ketjes* leek.

Als Kuifje in Haifa aan land gaat, wordt hij eerst door zionisti-sche 'terroristen' ontvoerd, en daarna door Arabische 'terroristen' die hem voor een Jood, een zekere Salomon Goldstein, houden.

© Hergé-Moulinsart 2014

Goldstein lijkt als twee druppels water op Kuifje...

Mijn vader diende zijn emigratieaanvraag in bij het Joods Agentschap. Twee personen zouden met hem meegaan naar het beloofde land: zijn vrouw Rebecca en zijn moeder Frania, die juist uit Warschau was gerepatrieerd.

Palestina stond onder Brits mandaat en de toegang van Joden was beperkt. Boten met immigratiekandidaten zoals de Exodus, die de blokkade probeerden te doorbreken, werden met geweld teruggefloten. Was het gebed dat mijn vader Chaïm elke dag van zijn vader Aba moest bidden, 'Volgend jaar in Jeruzalem', hem naar het hoofd gestegen? Komaan zeg! Wie kon zich na het zien van de kampbeelden nog met Jahweh verzoenen? Naar Palestina vertrekken was iets wat alleen een ongelovige deed, de manifeste overtreding van een verbod. De scherpste kritikasters op de te-rugkeer van de Joden naar Israël waren orthodoxe rabbijnen en vrome Joden. In hun optiek mocht alleen de Messias het volk van de diaspora weer samenbrengen en de muren van de door de Ro-meinen vernielde Tempel heroprichten. Wie vooruitliep op Zijn oproep, pleegde een godslasterlijke daad, een daad van ontoelaat-bare ongehoorzaamheid aan de geboden van de Heer. Dat is een van de redenen waarom mijn vader naar Palestina wilde. En waarom mijn grootmoeder eens en voorgoed het orthodoxe juk van haar man van zich af wilde gooien.

Vooral het zionistische ideaal sprak mijn vader aan. Al heel jong was hij actief geweest in extreem-linkse bewegingen ('straatboeven' in de terminologie van mijn grootvader en zijn vrienden) die Theodor Herzl, de vader van het moderne zionisme, minstens even hartgrondig verwensten als Jezus Christus of tsaar Nicolaas II. Terwijl de traditionele Joden braaf bleven uitkijken naar de komst van de Messias, zagen deze jonge militanten het niet zitten om nog tweeduizend jaar langer werkeloos te blijven wachten en ambieerden ze de oprichting van een Joodse lekenstaat, waarvan niemand wilde weten, de orthodoxe joden niet, de antisemieten niet, de Arabieren niet, de grootmachten niet, niemand die een beetje bij zijn verstand was! Dat mijn vader bij die bende verlichte geesten zat, was niet meer dan logisch. Intellectuelen, kunstenaars en winkeliers, allemaal stadsjongens die vastbesloten waren zich tot boer om te scholen en melk en honing te laten vloeien in een verloren gat in de woestijn, de enige plek in het Midden-Oosten waar God er niet aan had gedacht aardolie te zaaien. Pioniers en pioniersters wilden ze worden, jongens en meisjes op voet van gelijkheid – ook hier maakten ze hun ouders een lange neus – die aan de slag gingen met spade en schop, terwijl hun voorvaderen zich hele dagen in onwelriekende studiezalen opsloten om elk woord van het Boek te analyseren en het intussen aan hun echtgenotes overlieten om brood op de plank te brengen.

Onder invloed van de geestdrift die het Midden-Oosten in beroering bracht, wilden ook Chaïm en zijn moeder Frania deelhebben aan de eeuwenoude droom die als bij toverslag gestalte kreeg. Ze wilden zich in een kersvers land vestigen en de herinnering aan zoveel eeuwen lijden én aan de oorlog uitwissen. Dat was buiten de waard gerekend, de derde spil in de familie: Rebecca, de prinses van Vilnius.

Terwijl haar man en haar schoonmoeder met een potlood in de hand hun Palestijnse toekomst opbouwden en foto's van het beloofde land bestudeerden, waar ze zich al in korte broek onder de blakende zon zagen rondlopen met over de ene schouder een schop en over de andere een geweer, wreef Rebecca steeds nijdiger de vaat schoon. Voor niets ter wereld zou ze een boerenmeisje worden dat kippen voerde of bananen in stukken sneed en daarna omviel van de slaap in een barak vol muggen onder bedreiging van Arabisch geschut. Nadat ze gedurende ruim vier jaar nazibezetting constant op haar qui-vive was geweest en voortdurend van verblijfplaats was veranderd om de Gestapo uit handen te blijven, wilde ze eindelijk kunnen genieten van vrede en modern comfort, uitgebreid een bad nemen in iets wat een echte badkamer was, en daarna een drankje halen uit haar splinternieuwe, rechtstreeks uit de Verenigde Staten geïmporteerde elektrische koelkast. En ze wilde ook een kind, zonder bang te hoeven zijn dat het door een kogel werd gedood. En vooral: geen sprake van dat ze nog eens haar koffers pakte. Ze was haar garderobe twee keer kwijtgeraakt. Dat was genoeg!

De discussies op de verdieping waren zo geanimeerd dat de kreten tot in de farmacie hoorbaar moeten zijn geweest. Ik weet niet hoe mijn vader Rebecca uiteindelijk een handtekening onder het emigratieverzoek wist af te dwingen. Maar de relatie met haar man en haar opdringerige schoonmoeder zal door deze nieuwe wending allicht niet zijn verbeterd.

Wat wilde mijn vader doen als hij eenmaal in Israël was? In Tel Aviv of Haifa een apotheek beginnen? Een neef van zijn moeder opzoeken in een kibboets in Galilea? Afgaand op de manier waarop hij me later over de kibboetsbewoners sprak, op de ontroering in zijn stem als hij vertelde over de hoge beschaving van die gemeenschappen, het idealisme van hun beziers, de evenwichtige balans tussen geestelijk leven en bewerking van het land om de woestijn in een Hof van Eden te veranderen, is er geen twijfel mogelijk. Terwijl hij met mij door fotoboeken bladerde en jongelui aanwees die met het geweer geschouderd op het veld werkten, gezamenlijk in golfplaten hangars aten en sliepen, hun kinderen een gemeenschappelijke opvoeding gaven, hoorde ik de echo van de eerste bladzijden uit Genesis die hij mij vroeger had voorgelezen. In zijn ogen herschiepen die gemeenschappen een stukje aards paradijs – met daarbij een snufje marxistisch ideaal, in de nog niet door Lenin en zijn wrede trawanten bezoedelde vorm. Terug van weggeweest: de Hof van Eden, vlak voor de erfzonde en de Oktoberrevolutie.

Ondanks zijn overredingskracht en ondanks mijn blinde vertrouwen in zijn oordelen en opvattingen is het me nooit gelukt zijn enthousiasme te delen. Bij het terugvinden van zijn emigratieverzoek en daarna het negatieve antwoord van het Joods Agentschap, waarin de Britse overheid de Berenbaums de toegang ontzegde tot wat in die tijd een aan het Verenigd Koninkrijk toevertrouwd VN-protectoraat was, slaakte ik een zucht van verlichting (zoals ook mijn moeder moet hebben gedaan toen Chaïm haar teleurgesteld de brief met de weigering gaf). God, dank u dat u voor die ongelovige vader van me de weg van de terugkeer hebt versperd! Zelfs in mijn kindertijd, waarin ik zo kon genieten van de prachtige prentenboeken van Benjamin Rabier met al die lieve grappige dieren in smetteloze hoenderhoven, heb ik toch altijd een zekere weerzin gevoeld tegen werken op het veld. Ook voor de vreedzaamste dieren ben ik altijd bang geweest. In koeienogen las ik alleen koeien van vraagtekens en ik was als de dood voor honden – mijn vaders schuld, hij had me verteld dat de Polen hun honden africhtten om Joden te bijten.

Dank aan het Britse Rijk en de Britse koning (die even erg stotterde als Mozes), omdat ze hebben verhinderd dat ik boer, soldaat en vooral een Israëlisch politicus zou worden!

De plaatselijke gewoonten

Toen er van een vertrek naar Palestina niets terecht kon komen, werd mijn vader weer Belgisch burger. Belgischer dan voorheen. Vastberadener dan ooit om de magie van het koninkrijkje te roemen. Zijn pasgeboren zoon mocht niet de minste twijfel koesteren over zijn identiteit. Maar was dit wel de man die zes jaar terug (een eeuw geleden) op zijn trouwfeest zijn gastland de hemel in had geprezen, terwijl hij de vrouw van zijn leven dicht tegen zich aantrok – zijn lieve Kuka, die hij zonder dit uitstapje naar Brussel nooit had ontmoet?

Net als zijn prinses was hij (ogenschijnlijk) ongedeerd uit de oorlog gekomen. Maar wat doet het met je als je door de nazi's en hun handlangers achterna bent gezeten en tot de ontdekking komt dat je familie samen met het gros van je volksgenoten is verdwenen? Word je opstandig? Bitter? Of juist gehard, gestaald door alle beproevingen? Bij de bevrijding stonden verzetsstrijders en vervolgden voor het blok. Deze gewone mannen en vrouwen, die onvoorstelbare dingen hadden meegemaakt, hun leven in de waagschaal hadden gelegd en de overheid hadden leren tarten, konden nu ofwel de dagelijkse sleur weer opnemen, ofwel zich daar radicaal buiten plaatsen. Ofwel paria worden, ofwel avonturier. Mijn vaders emigratieaanvraag voor Palestina stond gelijk met een keuze voor avontuur. De vele jaren dat hij was opgejaagd, wilde hij nu omvormen tot een nobele, rechtvaardige strijd om zijn onschuld te herwinnen, in de overtuiging dat de staat Israël het verloren paradijs zou belichamen, een soort kleurenfilm met de gemixte reiservaringen van Theodor Herzl en Trotski.

Een paar maanden dromen en de drang naar avontuur was al veel minder. Toen de Britten weigerden hem in Israël aan land te laten gaan (mijn moeder had hen ongetwijfeld gewaarschuwd voor het verschrikkelijke risico dat de komst van Chaïm en Frania zou inhouden), liet hij dat nieuwe emigratieplan maar varen, ook al werd het een paar maanden later, bij de onafhankelijkheid van Israël, perfect uitvoerbaar. Aangespoord door mijn inmiddels zwangere moeder liep hij weer in het gareel. Hij werd opnieuw een brave wijkapotheker met een goede huisvrouw aan zijn zij. Twee Belgen van het zuiverste water, oneindig veel vaderlandslievender dan hun toekomstige autochtone landgenoten, zoals blijkt uit de brief waarin mijn vader eind 1946 zijn naturalisatie aanvroeg, een paar maanden nadat hij van het Joods Agentschap het schrijven had ontvangen waarbij de Britse overheid de Berenbaums de toestemming weigerde om het Heilige Land te herbevolken.

Na de beproevingen die God hem zes jaar lang had gezonden, had hij nooit de handen in de schoot had gelegd, en nu gaf hij zich gewonnen. Hoe kun je zijn beslissing anders interpreteren? In het nauw tussen zijn vrouw en zijn moeder en binnenkort ook een baby, die nog veeleisender zal blijken dan die twee vrouwen samen, borg hij zijn levensdroom op en haalde zijn voortaan onafscheidelijke witte stofjas tevoorschijn. En het zionisme, waarvoor hij zijn vaders religie had opgegeven? De totstandkoming van dat ideaal volgde hij op de radio en in de krant. En ook via de brieven die Frania weer was gaan schrijven, want zij had besloten haar zwerftocht over de aarde te laten eindigen in het beloofde land. En net als ik betreurde hij de twijfelachtige compromissen waartoe alle opeenvolgende regeringen van Israël zich in naam van het realisme zouden laten verleiden.

Ik herinner me de dag in 1977 waarop gebeurde wat voor hem ondenkbaar was: Begin en zijn neonazistische partij (zo betitelde mijn vader hem) wonnen de verkiezingen, en voor het eerst sinds de onafhankelijkheid werd de Arbeiderspartij, de partij van de stichters en behoeders van de staat Israël en van het sociaal-zionistische ideaal, naar de oppositie verwezen. 'Dit is voor de Joden een erger moment dan Hitlers machtsgreep!' riep hij met tranen in zijn ogen uit.

Wie weet zou de geschiedenis er wel hetzelfde hebben uitgezien als mijn vader in Palestina was neergestreken? Zou het Moshe Dayan met de energieke steun van Chaïm Berenbaum zijn gelukt de dodelijke aanvallen van fascist Begin te weerstaan?

Op zijn brief aan de minister van Justitie staat de zwart-geelrode driekleur te wapperen, maar de toon die hij aanslaat – nu eens officieel, dan weer lyrisch, om niet te zeggen pathetisch –

verhult nauwelijks zijn sombere bitterheid. Aan het woord is een man vol woede, die ziedend is over het onrecht dat zijn volk en zijn familie hebben ondergaan. Weer van nul af aan beginnen, zich bij de trieste zaken neerleggen, zoals zijn buren en zijn vrienden, kan hij niet. En al zijn het duidelijk mijn vaders woorden, ik herken het mooie handschrift van mijn moeder (mijn vaders handschrift lijkt op prikkeldraad). Ik zie hem over de plankenvloer van de kleine salon-eetzaal boven de apotheek ijsberen, zijn stem grommend als de woeste baren van de Rode Zee die over het Egyptische leger deinen, terwijl mijn moeder aan tafel in zorgvuldig schoonschrift de tekst pent, zijn wat weifelende Frans corrigeert en voor zover ze dat kan zijn overdrijvingen tempert. Ik hoor hem uitvaren tegen de Belgische nazicollaborateurs, tekeergaan tegen hun medeplichtigheid aan de deportatie en de dood van de Joden, fulmineren tegen de laksheid van degenen die liever het hoofd in de schoot legden en argwaan koesterden tegen het verzet, dat grotendeels bestond uit buitenlanders zoals hij. Schrijf op, Kuka, schrijf op dat ik getuige ben van de laffe collaboratie van zovelen van onze buren! Noem namen! Schrijf op, Kuka, schrijf op dat Paul-Henri Spaak, die vandaag de dag rondparadeert als had hij in zijn eentje Europa bevrijd, in 1940 slechts op een teken van zijn makker, koning Leopold III, wachtte om zich naar hem toe te reppen in de geborgenheid van nazistische kanonnen en waardigheidsbekleders.

Ach! Al die vlammende frasen die mijn moeder geduldig heeft moeten uitgummen om de kern over te houden, of althans dat wat haar zaak diende. Het kostte hun vele dagen voordat hun verzoek was opgesteld, eindeloze discussies voordat mijn vader inzag dat hij met zijn procureurstoon en zijn Bijbelprofeetachtige vervloekingen geen enkele welwillendheid van de overheid en al zeker geen identiteitskaart hoefde te verwachten.

Ik heet Chaïm Berenbaum. Ik ben op 8 juli 1907 in Maków Mazowiecki geboren als zoon van het echtpaar Aba en Frania, geboren Lewartowska. Ik woon in Schaarbeek, Madeliefjesstraat, waar ik het beroep van apotheker uitoefen. Mijn vader woonde in Maków (Polen) en is in 1942 gedeporteerd. Mijn moeder Frania, geboren Lewartowska in 1882 in Maków, van Poolse nationaliteit, wist aan de Duitsers te ontkomen. Ze woont sinds maart 1946 in België, in de Schrijnwerkerstraat in Sint-Lambrechts-Woluwe; ze oefent geen beroep uit. Ik had in Polen een broer en twee zusters, van Poolse nationaliteit. Mijn broer Motek en mijn zuster Sara zijn door de Duitsers naar een onbekende bestemming gedeporteerd en ik heb niets meer van hen gehoord. Mijn jongste zuster Esther woont in Woluwe. Sinds 1928, dat wil zeggen sinds ik me in België heb gevestigd, heb ik nooit verblijf gehouden in het buitenland. Na mijn secundaire studie aan het atheneum van Maków en na mijn militaire dienstplicht in Polen ben ik in 1928 naar België gekomen om farmacie te studeren aan de universiteit van Luik.

Ik woon sinds 1928 onafgebroken in België; ik heb gewoond in Grivegnée, Luik, Bressoux, Fleurus en Schaarbeek. Als referenties ben ik zo vrij de heren Navarre, Lagache en Noël, wisselagenten, en mevrouw Flament, apothekeres, te noemen.

Mijn vrouw heet Rebecca Bieniakonski en is op 22 juni 1915 geboren in Vilnius. Ze is van Poolse nationaliteit. Ze is op 6 januari 1940 getrouwd, is gedomicilieerd in de Madeliefjesstraat en oefent geen beroep uit. We hebben nog geen kind.

Tijdens de bezetting heb ik op 25 juli 1942 een oproepingsbrief gekregen van de Duitse overheid; ik heb geen gevolg gegeven aan die oproep en heb twee jaar moeten onderduiken. Tweemaal is de Feldgendarmerie me komen zoeken. Ik heb actief deelgenomen aan het verzet in België; ik was met name lid van de Belgische Nationale Beweging. Mijn lidkaart draagt het nummer 14239. Ik behoorde tot de 9de speciale brigade van Ukkel en had als stamnummer 9191. Bovendien stond ik permanent in contact met de leden van de organisatie Pol, de Patriottische Militie en de Algemene Sabotagegroep.

Ik bezorgde dienstweigeraars en andere personen die door de Duitsers werden gezocht valse identiteitspapieren (identiteitskaarten, wapenvergunningen, Bescheinigungen, arbeidsvergunningen). Ik verschafte ook militaire inlichtingen.

Ik ben dus reeds achttien jaar in België gevestigd. Vanaf het begin van mijn verblijf in het land voelde ik een diepe affiniteit met de instellingen, de zeden en de mentaliteit van dit land. Dit gevoel werd naarmate de jaren verstreken sterker en ontwikkelde zich tot een grenzeloze verknochtheid, samen met zeer oprecht respect voor de natie die me gastvrijheid had verleend.

Ik kan in eer en geweten verklaren dat ik in hart en geest Belg ben en dat België het enige vaderland is waarmee ik me voorgoed geestelijk verbonden voel. Ik doe nog steeds inspanningen om de wetgeving van dit land en de plaatselijke gewoonten te begrijpen en in mij op te nemen en ik heb onder de Belgen tal van vrienden gevonden. Zij staan erop mijn verzoek met hun getuigenis kracht bij te zetten. Allen bevestigen mijn loyaliteit en trouw aan België. Brussel, 30 september 1946.

Het aangekondigde kind – 'We hebben *nog geen* kind' – was onderweg. Het zou drie maanden later geboren worden en Belg door geboorte worden verklaard. Belg door opvoeding, door de overtuiging van zijn ouders, hoe langer hoe Belgischer naarmate de *Belgische natie* aan diggelen ging. Mijn ouders zouden nog zes jaar wachten voordat ze de eer hadden de nationaliteit van hun baby te delen, een nationaliteit waaraan ze hun liefde hadden verklaard zoals weinigen van hun landgenoten het ooit deden.

Zelfs al is deze naturalisatieaanvraag niet vrij van een zekere berekening en een soort onderdanigheid die ik nooit bij hem zou ervaren, toch was mijn vaders liefde voor 'de natie die [hem] gastvrijheid had verleend' veel oprechter dan het misschien leek. Hij beklemtoonde trouwens openhartig dat dat gevoel pas was ontstaan 'naarmate de jaren verstreken'.

Hij had er nog bij kunnen schrijven dat hij het niet meer verdroeg om Pools te zijn. Hoe kon dat ook anders? Er was niet alleen de bittere herinnering aan een leven als tweederangsburger, aan de opdoffers die hij had gekregen van een paar kameraden die hem maar een vuile smous vonden, daarbij kwam bovendien het lot van zijn familie, die gedecimeerd was in de streek waar ze eeuwenlang had gewoond. En tot overmaat van ramp werden in de chaos van de bevrijding weer pogroms gehouden tegen de zeldzame overlevenden. Poolse nazislachtoffers die wraak namen op Joodse nazislachtoffers. Hadden zijn (nog heel even officiële) landgenoten dan niets begrepen, niets bijgeleerd? Weer lieten ze zich door vooroordelen en politieke twisten meeslepen en terwijl ze opnieuw jacht maakten op de Joden, konden de stalinisten rustig het land overmeesteren.

Zijn leven lang zal Chaïm – Hubert voor de klanten – even vurig trouw blijven aan zijn reële gastland als aan het land dat zijn nieuwe gastland had kunnen worden. Hij heeft mij opgevoed tot een echte Belgische burger, niet tot een zoon die de fakkel zou overnemen en in zijn plaats naar Israël zou gaan. Alweer een overwinning van mijn moeder. Nadat ze hem de lokale keuken had leren appreciëren, heeft ze definitief de 'plaatselijke gewoonten' in hem verankerd.

Meneer Thermogène

Mijn moeders keuken (kip met appelmoes, balletjes in tomaten-saus, Vlaamse karbonaden met frietjes) zou de exotische verzuch-tingen van haar echtgenoot stillen. Bij de bevrijding lijkt hij weer vertrouwen in de toekomst te krijgen. Aan tekenen van vernieu-wing ontbreekt het niet: de staat Israël wordt opgericht, wat hij zo vurig wilde, er wordt een internationale organisatie voor de wereldvrede in het leven geroepen, Frankrijk en Duitsland komen tot een verzoening die de grondslag zal vormen voor een Europese unie. Ook hij bouwt zijn leven weer op: een kind, een nieuwe apotheek, waar hij zijn eigen baas is, en binnenkort een Belgische identiteitskaart. Is meneer Optimist terug van wegge-weest, zijn de oorlogswonden dichtgegroeid? Het is maar schijn. Meneer Optimist is nog slechts een masker om de klanten gerust te stellen. Het is de glimlach van de magiër die het podium be-treedt. Diep vanbinnen gromt een nieuw gevoel: woede. Vrese-lijke woede, die hij probeert te verbergen om zijn vrouw, zijn baby, zijn mama en zijn dierbare clientèle er niet mee te overwel-digen. Maar niet altijd slaagt hij erin die razernij te bedwingen. Soms barst ze los als een orkaan. Het fenomeen doet zich maar zelden voor. Gewoonlijk is zijn woede ingehouden, onderhuids, even uitzonderlijk als een uitbarsting van de Vesuvius. Maar wee de verdwaalde toerist als de lava uit de krater kolkt!

Een paar maanden na de bevrijding moet mijn moeder naar Zwitserland om zich te laten verzorgen. Dat noodzaakt haar over Frankrijk te reizen. De consul van Frankrijk wil haar geen visum geven. Geen sprake van dat deze vreemdelinge voet zet op de hei-lige bodem van de Republiek. Mijn vader klimt in zijn pen en ont-ploft: 'Ik heb de eer u te laten weten dat de zieke met het vliegtuig naar Zwitserland moest worden overgebracht doordat ze de mo-gelijkheid niet had over Frankrijk te reizen. Zij is daar aangeko-men juist tijdens de dooi van de sneeuw. Als er met mijn vrouw iets gebeurt, hebt u een misdrijf op uw geweten', schrijft hij, schrapt deze zin en gaat verder: 'Het is een echt misdrijf tegen de menselijkheid om een zieke het recht te ontzeggen zich in Zwit-serland te laten behandelen. Ik heb des te meer reden om dat te betreuren daar ik een oprechte vriend van Frankrijk ben en de ziekte van mijn vrouw een gevolg is van de vijandelijke bezetting.'

Hier hield hij zich net op tijd in. Hij had nog willen toevoegen: 'en de Franse collaborateurs'.

Als er niets meer tegen zijn slechte humeur te beginnen valt, als de bliksems uit zijn mond schieten zoals bij het mannetje op de reclame voor thermogene watten van het merk Thermogène bij de ingang van zijn apotheek, vlucht hij weg in zijn laboratorium, met alle deuren (keihard) dicht, om de diep in hem grommende woede woest te laten wegstromen in flesjes, flacons en fiolen, zodat de producten van zijn makelij worden omgetoverd tot wondermiddelen.

Misschien heeft een magiër die toorn juist nodig om een banaal product in glitters om te toveren, zoals dokter Frankenstein de bliksem nodig had om zijn creatie tot leven te wekken?

De dag waarop ik Jood werd

Pas met de jaren kwam Chaïms woede tot bedaren, vooral toen hij ontdekte dat aan het teruggevonden paradijs dat hij zo schitterend – en pathetisch – had bezongen ook een paar schaduwkanten verbonden waren. En ik, argeloze jongen voor wie hij alles wat hem had gekwetst verborgen hield, kwam bij toeval juist op dat hachelijke terrein...

André woonde een paar huizen verderop. Elke ochtend belde hij aan en dan liepen we samen dwars door het Josaphatpark naar de middelbare school. We waren allebei praat- en twistziek, overtuigd van ons gelijk en onwankelbaar in onze zekerheden, twee typische tieners die overspoeld werden met informatie, spelletjes en radiofeuilletons. Stof tot discussie te over. Moest het Belgische leger terugkeren naar Congo, dat sinds de onafhankelijkheid één grote chaos was? Zou radiofeuilletonheld Zappy Max eindelijk zegevieren over Kurt von Straffenberg, alias het tonnetje, zijn vette, sinistere – en uiteraard Duitse – vijand? Haalde de nieuwe kandidaat van *Quitte ou Double* vanavond op de radio de finale? Zou Anquetil dit jaar in Parijs alwéér een Belg van de gele trui houden? Was Salvatore Adamo, het nieuwe idool van de meisjes uit de buurt, een echte jongen of was hij een verkleed meisje, zoals een paar oudere jongens op school fluisterden?

Toen we op die ene dag voorbij de enorme duiventil van het park liepen en collateral damage probeerden te vermijden, terwijl we in ik weet niet meer welke discussie verwikkeld waren, beet hij me opeens bij gebrek aan ander argument toe: 'Eigenlijk hebben mijn ouders gelijk. Je bent gewoon een vuile Jood. Rot op, vuile Jood.' En hij liep weg, me daar verbouwereerd achterlatend. Verbouwereerd, ja. Niet boos, niet gekwetst, niets van dien aard. Gewoon verbaasd. Ik begreep het niet en stond met mijn mond vol tanden. Had hij me nu voor 'vuile zwarte!' uitgemaakt omdat ik Lumumba verdedigde en het schandalig vond dat de Belgen naar hun ex-kolonie terugkeerden, dan had ik daar nog in kunnen komen. We waren nooit lieverdjes als we aan het bekvechten waren. Maar 'vuile Jood'? Nee, echt, wat kon hij bedoelen? Door mijn opvoeding was ik zo nauwkeurig van alle judaïsme gezuiverd dat ik nauwelijks besefte dat ik Joods was. 's Avonds vertelde ik mijn ouders wat er was gebeurd. De volgende dag wees de leraar (Frans, geloof ik) aan het begin van de les met zijn vinger eerst André en vervolgens mij aan. Hij zei André te herhalen wat hij tegen mij op weg naar school had gezegd. Pioenrood en in de grond zinkend van schaamte bracht de stakker eindelijk een vaag binnensmonds gebrom uit. Hij was er niet graag bij, maar wat moest ik dan niet zeggen? Dat André me voor een paar tienduizenden duiven, zelfs postduiven had uitgescholden, tot daaraan toe. Maar dat hij dat ook nog eens voor de hele klas herhaalde, was pas een nachtmerrie! Er volgde een lange toespraak van de leraar over de oorlog, de Holocaust, de kampen enzovoorts. Wie luisterde daarnaar? Er waren zes miljoen anonieme Joden door de nazi's uitgeschakeld, maar goed, die waren dood. Ik daarentegen leefde nog en moest, ineens gebrandmerkt met de gele ster waaraan ik aanvankelijk was ontsnapt, nog elke dag door met mijn leven, tussen mijn vijftien klasgenoten.

Het heeft lang geduurd voordat ik snapte waarom mijn ouders hun hart hadden gelucht tegen de directeur in plaats van hun ontredderde jongen te sussen en hem zelf even uit te leggen wat André had bezield. Waarom ze liever hadden dat de leraar Frans onze woordenwisseling aangreep voor een les geschiedenis en zedenleer, waarbij ik voor de voltallige klas in de slachtofferrol zat. Voordat ik begreep dat mijn vader noch mijn moeder in staat waren daarover te spreken sinds de oorlog voorbij was. En er niet meer toe in staat zouden zijn tot ze stierven. En dat het ook door die verstikkende woede kwam dat mijn vader mij nooit zijn eigen verhaal zou kunnen doen.

Het merkwaardige judaïsme
van mijn vader

Van Frania kreeg mijn vader geloofshaat mee, en van zijn vader liefde voor de Bijbel. Een mooie combinatie!

Aan het begin van de twintigste eeuw hadden de inwoners van Maków bijna precies dezelfde leefwijze als hun middeleeuwse voorouders. En dezelfde zorgen. De mannen keken alleen af en toe van hun heilige teksten op om door het raam te spieden of de Messias al in aantocht was. De rest was voor de vrouwen. Vervuld van Messiaanse verwachting bad men elke dag dat 'Hij wiens naam niet genoemd mag worden' een beetje zou willen opschieten. Volgens de heilige teksten moest de Messias op een mooie ochtend op zijn ezel tevoorschijn komen, de Joden bij elkaar roepen zoals Mozes had gedaan in Egypte, en hen allemaal in één keer naar het beloofde land terugbrengen, reis- en verblijfkosten all-in. Om bedriegers geen kans te geven had God de Joden wijselijk gewaarschuwd dat de Messias – ik bedoel Zíjn Messias – makkelijk te herkennen zou zijn: verschrikkelijke rampen en vreselijke gebeurtenissen zouden aan zijn komst voorafgaan.

Verschrikkelijke rampen? Vreselijke gebeurtenissen? Dat is het dagelijkse lot van de Midden-Europese Joden. Bloedbladen, pogroms, ziektes, verdrijving. Geen wonder dat zij bij elke nieuwe vervolgingsgolf een makkelijke prooi waren voor valse messiassen die hun in ruil voor een paar milde giften de hemel op aarde – in casu de wederopbouw van de Tempel – beloofden. Aan hun oproep gaven duizenden jonge Poolse, Russische en Duitse Joden gehoor, die zich laaiend enthousiast in Palestina gingen vestigen. Sabbatai Zevi was een van de befaamdsten van die heerschappen. Hij was een uiterst ontwikkelde talmoedist en was volgens tienduizenden rabbijnen de echte Messias. Als geniaal communicator, zoals dat tegenwoordig heet, was hij op het puike idee gekomen om uitgerekend in 1666 ten tonele te verschijnen, een cijfer dat volgens de traditie de Apocalyps aankondigde. Vanaf Egypte en Turkije, waar hij woonde, tot in de verste uithoeken van Oost-Europa liep men warm voor zijn verschijning. Op zijn reis door de Poolse, Hongaarse en Oostenrijkse sjtetls en steden wekte hij zo veel geestdrift dat duizenden Joden, die slechts op een teken hadden gewacht om in hun dorp hun boeltje te kunnen pakken – en de verschrikkelijke, sterk toenemende pogroms te ontvluchten – alles verkochten, goederen, juwelen, grond, winkels, om hem te volgen naar het Heilige Land en daar een nieuw koninkrijk Israël te stichten. Maar toen ze eenmaal in het land van melk en honing woonden, legde Sabbatai Zevi de loop der geschiedenis niet stil, zoals dat in de Heilige Schrift was beloofd, maar zei hij het joodse geloof vaarwel en bekeerde zich tot de islam, waarna hij ergens diep in Montenegro, bijna tegen de Albanese grens, zijn laatste adem uitblies.

De ontmaskering van dit bedrog kon het vuur van de volgelingen niet bekoelen. Anderen namen met even groot succes de fakkel over. Een magiër mag zijn trucjes verklappen, zijn publiek vraagt toch altijd weer om een nieuw nummer. De mens kan niet zonder leugens en illusies. Diverse talentvolle artisten volgden elkaar op in de rol van Messias, steunend op de Heilige Schrift. Jacob Frank (die zich uiteindelijk tot het katholicisme bekeerde), Mordecai Mokiach. Vóór hen waren er Abraham Aboelafia, Nissim ben Abraham, Mozes Botarel en anderen. Een van mijn favorieten, David Reubeni, deed zich voor als ambassadeur en broer van de koning van Chaibar, een Arabische oasestad, waar, naar zijn zeggen, de afstammelingen van twee van de verloren stammen van Israël woonden, de stam van Ruben en de stam van Gad. De oplichter kweet zich zo kundig van zijn taak dat hij werd ontvangen door de paus en door koning Johan III van Portugal, aan wie hij om kanonnen en wapens vroeg om de moslims te bestrijden, want zij verhinderden de eenmaking van de Joden die aan weerskanten van de Rode Zee woonden, in Arabië en Palestina!

Deze schitterende figuren, die het midden hielden tussen illusionist en oplichter, en zo zelfverzekerd waren, zo overtuigd dat ze die uilskuikens wel over de streep zouden halen en ongetwijfeld ook dat ze het tragische leven van de Joden konden veranderen (want om zo'n vermetel én gevaarlijk spel te spelen moet je wel in je eigen mythes geloven), lijken dat geen voorbodes van de komst op aarde van meneer Optimist? Het enige verschil tussen mijn vader en Reubeni is dat die ongelukkige door de inquisitie

op de brandstapel werd gezet, zoals veel van zijn Portugese geloofsgenoten, terwijl mijn vader aan de gaskamer is ontsnapt – zij
het maar net.

Ik vermoed dat mijn vader veel meer sympathie voelde voor
deze valse messiassen, over wie hij me half bewonderend, half ironisch vertelde, dan voor alle profeten uit de Bijbel. Niets zou hem
meer plezier hebben gedaan dan in zijn stamboom op een van
deze nepmagiërs te stuiten die een lichtpunt waren geweest in het
trieste, harde, vaak bloedige bestaan van de arme Joden in de
sjtetls, en hun opnieuw een beetje waardigheid en trots hadden
geschonken. Net zoals hij, mag ik graag dromen – soms zelfs beweren – dat Botarel, Aboelafia of Reubeni een betoudovergroot-
vader van me was.

Wat mijn vader boeide, was juist de magie van de Bijbel, en
vooral dan van het overleven van het volk der Joden. Niet hun
liefde voor God. Hoe heeft een klein volk, dat door de Romeinen
naar alle uithoeken van Europa, Noord-Afrika en de Oriënt was
verdreven, zich staande gehouden zonder op te gaan in de plaatselijke bevolkingen, in de cultuur en vooral de religie van de gasthe-
ren? Waarom waren de Joden bereid duizend doden te sterven en
vreselijke vervolgingen te doorstaan, terwijl ze, als ze hier katholiek, daar moslim zouden zijn geworden, gewoon met rust waren
gelaten? En hun verrekte Bijbel hadden kunnen blijven lezen!

Zelfs wie, om het vege lijf te redden, geveinsd had dat hij zich
aanpaste, zoals de Joden in Spanje of in Portugal, deinsde hoe dan
ook niet terug voor het risico tegen de lamp te lopen met dat eeuwenoude dubbelleven: ogenschijnlijk katholiek, in het geheim
joods. Een dubbelleven dat even peilloos, onbegrijpelijk en mysterieus was als de dubbele bodem in de kasten van goochelaars.

Is het niet paradoxaal dat mijn vader zich zo weerde om mij
een perfect Belgje te laten worden, Belgischer dan mijn kame-
raadjes (die Vlaams of Waals, zelden Belgisch waren), een echt
Brussels *ketje*, en me ondertussen zijn voorliefde voor anders-zijn
bijbracht? Hoe kun je je aanpassen en tegelijk bewondering voelen voor wie zich niet wil aanpassen? In die paradox ben ik opgevoed. Misschien werd ik juist daardoor zelf ambivalent.

Wat heeft hij me verder nog over het judaïsme geleerd? Niet veel. Hij vertelde me liever over het Joodse volk. Een volk dat door zijn God wordt mishandeld, gefolterd, voor schut gezet en toch steeds die God blijft bewonderen. Als je over een verkoper, een arts of een arbeider ontevreden bent, neem je een ander. Het uitverkoren volk niet: het dient met een aan waanzin grenzende koppigheid een God die ondoeltreffend, chagrijnig en gemeen is. *Sjema Jisraël*, Hoor Israël... Een beetje scherpzinnige Jood twijfelt weleens. Zoveel vervolgingen, bloedbaden, ellende: hoe meer we bidden en hoe meer we aan Zijn bevelen gehoorzamen, hoe meer we worden gestraft. Is dat geen paradox? De rabbijn heeft op zulke wankelmoedigheid meteen een antwoord klaar: 'Hoe het komt dat Israël bidt en niet wordt verhoord? Omdat het niet weet hoe het iets moet vragen.' Met andere woorden: hier is het antwoord, de vraag doet er niet toe.

Dit alles om maar te zeggen dat ik mijn haat voor rabbijnen en pastoors, mijn wantrouwen tegen God en mijn passie voor de Bijbel van mijn vader heb.

Mijn boek Genesis

Niets ontroerde mij als kind meer dan de Bijbel.

Elke zondagochtend zat mijn vader klaar in de salon, en na een snel ontbijt met een paar broodjes jam (door goede Belgen *pistolets* genoemd) en een glas koffie verkeerd (door mijn moeder *lait russe* genoemd) haastte ik me naar hem toe. In zijn leunstoel gezeten bleef hij wachten tot ik op de bank had plaatsgenomen en mijn benen stilhield, om aan zijn Bijbellectuur te beginnen. Zijn exemplaar had een zwarte, wat verschoten kaft waarvan de band elk moment uit elkaar kon vallen. De tekst was een uitgave van een protestantse vereniging (vertaald door Louis Segond, uitgegeven in Parijs, gedrukt in Groot-Brittannië in 1930) en omvatte ook het Nieuwe Testament – je reinste heiligschennis, wat zou mijn grootvader razend zijn geweest en Frania hebben gegrinnikt!

In het begin zat ik braaf en redelijk stil te luisteren. Ik genoot van mijn vaders gezelschap, zijn stem, zijn rauwe accent, zijn ernstige toon, zijn rollende r's als stenen die de berg af stuiteren. De stemmen van Adam, Job, Noach, Abraham, Jozef, Mozes, koning David, Jeremia en de anderen zitten sindsdien met een Makóẃs accent in mijn hoofd, en zo klinken ze nog steeds als ze me soms iets te zeggen hebben. Na een uur begon mijn aandacht te verslappen, terwijl er aan de ochtend en de lectuur geen einde kwam. Vaak begon ik in mijn eentje Vlaamse politie en Waalse boef te spelen. Eenmaal op dreef was mijn vader niet te stuiten, zelfs niet door zijn belhamel die rondom zijn leunstoel stond te dansen. Hij was ervan overtuigd dat de Bijbel 'ergens' wel tot me doordrong.

Bladzijdenlang de lof bezingen van de Heer en aan de andere kant neerkijken op rabbijnen en pastoors, elke zondag hemelhoog opgeven van de Hebreeuwe krijgsheren en aan de andere kant kritiek spuien op de militairen: ik heb dat nooit tegenstrijdig gevonden. Wie anders dan een ongelovige is in staat om van de Bijbel te houden? Ocharm de gelovige kinderen! Wat moet Bijbellectuur saai overkomen als je in God gelooft! Als het allemaal al geschreven staat, wat voor zin heeft het dan nog te hopen? Als we overgeleverd zijn aan de Almachtige en de speelbal zijn van

Zijn mysterieuze plannen, waarom zouden we dan nog de strijd aanbinden tegen barbaarse wreedheid? Ondanks de oorlog heeft mijn vader altijd geloofd in de vooruitgang van de beschaving, hoeveel die ook weg had van de processie van Echternach.

Als je de Bijbel las – of in ieder geval de door mijn vader bewerkte versie – wees alles op het niet-bestaan van God. Een voorbeeld: als Jahweh echt de goede God was, hoe kun je je dan indenken dat Hij Mozes aan het hoofd van het Joodse volk zou hebben gezet? Was er onder de leden van onze gemeenschap nu echt geen representatievere leidsman voor ons eerste grote gezamenlijke avontuur te vinden dan een stotteraar? Stel je voor dat de Gaulle zou staan hakkelen als de humorist Pierre Repp (beiden waren in dezelfde periode en op dezelfde radio's actief, d-de Franse b-burger m-moet stemmen v-v-voor d-de of-af-afon-haf-han-, een v-vrij A-algerije)! Een stotterende Mozes, welke rabbijn kan in alle ernst beweren dat dat een vondst is van het goddelijke wezen? Een schrijver, oké. Maar een god, kom nou!

En Mozes' dood, is dat ook het werk van God? Alleen een auteur, met andere woorden een wrede perverseling, kon zo'n zwak en zielig, door zijn eigen broer verraden personage bedenken, eerst sympathiek laten overkomen bij de lezer en daarna koelbloedig in het zicht van de finish voor diens ogen laten vermoorden. En Mozes' opvolger? Nog zo'n onduidelijke figuur die in een echt heilige tekst nooit als toonbeeld kan worden gesteld voor brave zielen. Jozua, een schuchtere, wat kleurloze militair, had alles om zijn volk noch het lezerspubliek te behagen.

Weliswaar wordt de situatie iets eenvoudiger als Hij orde op zaken stelt: de stotteraar is uitgeschakeld, het gouden kalf gesmolten, er vallen geen nieuwe special effects meer te verwachten zoals tafelen die in wolken gehuld van de berg neerdalen en andere onzin. Met Jozua verandert het karakter van het verhaal. Het wordt één klassiek relaas van veroveringen en saaie gevechten met een voorspelbare uitkomst. Tot aan de zaak-Jericho. Na triomfantelijk in het beloofde land te zijn doorgedrongen, omsingelen de Hebreeuwse troepen de stad Jericho. We verwachten een makkelijke bestorming met bijstand van de hemel en een paar goddelijke duwtjes in de rug voor de dappere Joodse soldaten. In plaats daarvan loopt het uit de hand. Koosjere producer Mel Brooks neemt het over van Cecil B. DeMille (een goj). Terstond storten de muren van Jericho in onder de trompetstoten van een ijselijk vals spelend orkest. Alleen met een forse dosis humor en spot kom je op zo'n gag! Jericho wordt niet ingenomen door een kloek en vastberaden leger, maar door een bende artiesten die de stadsmuren laten barsten zoals Bianca Castafiore de kristallen glazen. Geen wonder dat Joden aan de wieg hebben gestaan van Hollywood: de tocht door de Rode Zee, de ark van Noach, Rambo-Samson, de tien plagen van Egypte, de stenen tafelen, het oubollige orkestje van Jericho: wat een schat aan verfilmbare thema's zomaar voor het grijpen, en allemaal rechtenvrij!

In het begin was de Bijbel

'Au commencement...' ('In het begin...') Al begint het eerste woord van Genesis in het Frans met de eerste letter van het alfabet, in de originele tekst is dat niet zo. Daar is de eerste letter een b (*bet* in het Hebreeuws en het Aramees) en geen a (*alef*). 'In het begin' is *Beresjiet*.

Het is geen toeval dat de Thora met de tweede letter begint, zeggen de commentatoren. Zo geeft God aan dat het begin dat hij ons vertelt, niet het begin van de geschiedenis is. Vóór het begin was er al iets anders, waarover we nooit iets zullen weten – precies zoals bij mij het geval is met het verhaal van mijn ouders: de essentie, wat vóór mijn jeugdherinneringen komt, is voor altijd verloren gegaan. Vóór het begin van het verhaal dat God ons vertelt, was er een ander verhaal, dat we niet zullen achterhalen. Zoals er een verhaal was over mijn familie in Maków en Vilnius dat ik, Belgje dat ik moest worden, niet kon achterhalen.

Volgens de Bijbelcommentatoren zijn de letters van het Boek dat de Grote Illusionist de Joden heeft geschonken niet zomaar op de bladzijden neergegooid. Elke letter zou een zichtbare en een verborgen betekenis hebben. Zoals de documenten die mijn moeder had bewaard.

Dat het begin niet echt het begin zou zijn, stemt tot nadenken. Als a niet het begin vormt, heeft dat zijn weerslag op de hele hiërarchie. Sinds ik daarachter ben, sta ik argwanend tegenover woorden die beginnen met de eerste letter van het alfabet.

In het licht van die waarheid is 'aartsschurk' geen woord dat vooraan komt, want er gaan misdrijven aan vooraf. 'Afgrijslijkheden' komen nooit uit de lucht vallen. En het eerste werkwoord van het woordenboek, 'aaien', veronderstelt iets of iemand om te aaien.

Zou dat betekenen dat er nooit een begin is geweest? Een roman kan bij het slot beginnen. En het leven? Het leven van mijn ouders bijvoorbeeld, dat zij zo vaak opnieuw moesten beginnen. Heb ik mijn liefde voor woorden, mijn fascinatie voor letters en mijn feeling voor de magie ervan aan Genesis te danken? Of aan mijn familie, die met talen en alfabetten goochelde?

Mijn moeder kwam uit Vilnius, een stad die haar hele jeugd lang een wisselend bewind kende. Rebecca werd geboren in een Russische stad, die na een korte annexatie door de Sovjets onder Pools bestuur kwam en ten slotte Vilnius werd, de hoofdstad van Litouwen. Bij elke grenswijziging veranderden de leerlingen van taal, van schoolprogramma, van cultuur en zelfs van alfabet. Mijn moeder heeft leren lezen in het cyrillisch en leren rekenen in het Russisch, ze heeft meetkunde gehad in het Pools en algebra in het Lets. Uiteindelijk hebben haar ouders haar op het *lycée français* gezet voordat het allemaal Chinees voor haar werd.

Mijn vader sprak thuis Jiddisj, en Hebreeuws of Aramees wanneer hij van zijn vader mee moest naar de synagoge. Pools op school (het Duits van vier jaar Poolse bezetting door de troepen van de Kaiser buiten beschouwing gelaten). Tijdens zijn studie aan de universiteit van Luik moest hij zich in een paar maanden tijd het Frans eigen maken. Elk woord dat hij bijleerde koesterde hij, zoals de geldstukken die hij verdiende met zijn studenten-baantjes.

Ik heb een woordenlijst teruggevonden die een vriendin voor hem had opgesteld om uit het hoofd te leren. In schoonschrift had ze alfabetisch de woorden neergeschreven die ze onmisbaar vond om in België te overleven: 'aandacht', 'affectie', 'dapperheid', 'genegenheid', 'goedheid', 'vertrouwen', 'vriendelijkheid'. Het laatste woord is 'velouté'.

Eén vreemde eend in de bijt: 'idiotysme' (vreemd genoeg met y). Subliminale boodschap van dit meisje aan mijn vader?

Grappige tijd. Tegenwoordig zou aan een immigrant worden geleerd: 'Rot op, imbeciel! Donder op! Shit! Pas op, de smerissen!'

Terug naar Genesis. De lectuur schoot niet op. Mijn vader probeerde alles uit te leggen. Dat was zijn manier om de Bijbel te lezen. Elke zondagochtend herschreef hij in zijn eentje de Talmoed.

In het begin dus... was er geen Jood. Het duurt een paar hoofdstukken voordat je dit merkwaardige feit ontdekt: hoe je de Bijbel ook interpreteert, vóór Abraham waren er in de wereld nog minder Joden dan in 1944 in Berlijn. (Merk op dat Abraham met een a begint, wat zou betekenen dat er vóór hem...)

Wat is het verschil tussen Adam, Noach, Abraham, Mozes, David en de andere personages in de gewijde geschiedenis? Dat ze besneden zijn! Mijn vader probeerde me uit te leggen hoe dat zat, maar nog steeds krijg ik van die piemeltjeskwestie een punthoofd.

Adam behoort natuurlijk nog niet tot het Joodse volk, dat 'zelfverzekerde en dominante' volk, als je generaal de Gaulle mag geloven. Inderdaad, hij heeft wel iets van een idiote goj en Eva van een slet. Anderzijds dient aangestipt te worden dat het aantal idiote Joden in het verdere verloop van het verhaal beduidend hoger ligt dan het aantal 'zelfverzekerde en dominante' Joden (die dat overigens nooit lang genoeg blijven om er de vruchten van te plukken), en hetzelfde kan worden gezegd van het aantal sletten.

In dat laatste opzicht kan ik de Bijbellectuur warm aanbevelen aan kinderen die getraumatiseerd zijn door de scheiding van hun ouders en terechtkomen in een toestand vol halfbroers en kwartzussen. Lot, Abraham en vele anderen gaan met ettelijke vrouwen van bil, verwekken kinderen in alle uithoeken van Kanaän en God neemt daar niet de minste aanstoot aan. 'Toen Lea merkte dat ze geen kinderen meer kreeg, gaf zij haar slavin Zilpa aan Jakob als vrouw.' Waarom zou Hij zich tegenwoordig strikter opstellen als Hijzelf al die pikante deugnieterijen heeft bedacht?

Ha! De vrouwen uit de Bijbel! Ze zijn met zovelen en ze zijn zo mooi! Als kind was ik de koning te rijk – als adolescent veel minder: bij Jules Verne en Kuifje leer je niet meteen van vrouwen houden. Lea met de tedere ogen, Batseba, die koning David, haar minnaar, zomaar laat begaan als hij haar man, de dappere Uria, naar het front stuurt om van hem af te komen zonder zijn handen vuil te maken. ('Zet Uria vooraan in de strijd, waar het hevigst gevochten wordt en trek u dan achter hem terug, zodat hij wordt getroffen en sneuvelt.') Wat stom van Uria dat hij voor een militaire loopbaan koos! Delila, die haar verleidingskracht inzet om haar echtgenoot Samson zijn geheim te ontfutselen en hem daarna uitlevert aan zijn vijanden. Jaël, die zo mooi is dat de vijandelijke legeraanvoerder haar niet weerstaat als ze hem in haar tent noodt, en die een pin door zijn slaap drijft. Wat brachten ze me in vervoering, de vrouwen uit de Bijbel! In mijn herinnering dragen ze parfums met zulke mysterieuze accenten dat hun geur zich vermengt met die van de Bijbel. Mijn vaders bijbel rook naar vanille en bakmeel. Als hij het boek had dichtgeklapt, borg hij het – waarom, weet ik niet – vlak bij het taartblik weg, zodat de Bijbellectuur op zondagochtend al naar het dessert rook. En naar de Middellandse Zee.

De Bijbel, voorgelezen door een man uit koude streken, is een smakelijke, paradoxale, subtiele melange van creatieve levensangst uit het noorden en opwindende zoetheid uit het zuiden. De kosmopolitische geest van de Joden waar de nazi's zo bang voor waren... Een eerste stap naar beschaving.

Ik weet álles van die vrouwen die twee-, drieduizend jaar geleden hebben geleefd, hun schoonheid, de kleur van hun ogen, hun huid, hun aantal minnaars en zelfs de liefkozende woordjes die ze die minnaars toefluisterden, maar niets van de hartsaangelegenheden van mijn vader, noch van die van mijn moeder. Dat Chaïm zielsveel van Rebecca hield, betwijfel ik niet. Maar hoe ontwikkelde hun hartstocht zich in de loop der jaren? Hoe was hun liefdesleven? Ik weet er niets van. Mijn moeder legde stapels archieven aan, bewaarde de briefwisseling met het bestuur der spoorwegen uit 1941, kwitanties van middenstanders die al jaren dood waren, honderden ansichtkaarten van vrienden en vriendinnen uit alle windstreken, alle brieven die ik mijn ouders heb geschreven, telkens als ik ver van hen vandaan zat, maar ze hield niet één stukje papier dat mijn vader aan haar had gericht, op één uitzondering na: een wonder boven wonder niet vernietigde brief uit 1957, die haar man haar heeft gestuurd toen hij in zijn eentje naar Israël reisde om zijn moeder te bezoeken. Raar toch? Wat voor gevaarlijke aanwijzingen behelsden die missives dat ze zo zorgvuldig moesten worden verwijderd?

Ik weet dus niets van de manier waarop Chaïm, alias Henri, alias Hubert zijn liefde betuigde aan zijn Kuka. In mijn bijzijn gedroegen mijn ouders zich altijd afstandelijk tegenover elkaar, geen liefkozend woord, zelfs geen kuise kus. Tenminste, zo herinner ik het me.

En hoe was de magiër bij andere vrouwen? De enige twee sporen die ik vond, werpen maar een zwak licht op mijn vaders relaties met het andere geslacht.

In de eerste plaats een paar woorden op de achterkant van een foto. Het portret van een onbekende vrouw die op een bospad poseert: 'Aandenken aan een Luiks meisje, Madeleine, stout meisje'.

Is Madeleine dan soms 'het Luikse meisje' – zoals ze zich noemt tegenover de Poolse student – dat een woordenlijst opstelde waarmee mijn vader de taal van zijn nieuwe gastland kon leren?

De foto is in 1930 in Luik gemaakt, toen mijn vader daar studeerde. Het jonge meisje spreidt een spottende, ironische, misschien zelfs uitdagende glimlach tentoon. Was het mijn vader die het toestel hanteerde? Probeert ze hém te prikkelen? Ik herinner me niet dat ik hem ooit een fotocamera zag bedienen. Maar weet je het ooit zeker? En die schalkse opdracht, hoe moet ik die interpreteren? Verontschuldigde Madeleine zich omdat ze hem te lang had laten hunkeren? Of omdat ze was weggeglipt toen de vingertoppen van de buitenlander over haar kleren begonnen te glijden?

Stel dat ik die foto onder mijn vaders neus had geduwd, dan laat zijn reactie zich makkelijk raden: uit zijn mooie, schuchtere glimlach zou ik hebben begrepen dat aandringen geen zin had. Dat ik me niet met hem op dat terrein hoefde te wagen. We hebben nooit over intieme gevoelens kunnen praten. Laat staan over seks. De schroom zat ons ingebakken. En de gêne. In ieder geval ben ik heel blij dat dat meisje mijn mama niet is geworden. De mijne had veel meer glamour!

De andere aanwijzing over mijn vaders relaties met vrouwen is een overweging die hij in mei 1957 neerschreef op een ansichtkaart nadat een El Al-vliegtuig hem – eindelijk! – voor het eerst naar het Heilige Land had gebracht: 'Het eerste meisje dat ons in Israël begroette, was onvoorstelbaar mooi.' Dat was wat hij schreef aan zijn vrouw – de mooiste prinses van de Joodse wereld – nadat hij uit het vliegtuig was gestapt dat hem naar Jeruzalem, naar zijn moeder had gevlogen.

De Bijbellectuur liet Kuka koud zolang we haar vloerkleden niet vuilmaakten. In feite vond ze onze zondagochtendlezingen vervelend, te meer dat we haar in de weg zaten bij het dwangmatige poetsen. Zonder te luisteren naar de heilige tekst, die mijn vader met zijn eindeloze commentaren doorspekte, liep ze in het salon meubels te verplaatsen en te stofzuigen. Mijn vader protesteerde allang niet meer. Behalve als ze klokslag twaalf uur opdook en riep: 'Genoeg! De kip wordt koud!' Dan liet hij een hartverscheurende zucht horen. Soms een kreet van woede.

Want op dat moment was hij juist bij een 'fundamentele' scène, een 'cruciale' uitleg aanbeland en zij onderbrak die en haalde daarmee een streep door de geduldige les die hij me die ochtend had proberen bij te brengen. Voor één keer dat hun zoon eens zat te luisteren zonder de paljas uit te hangen! Zonder enige logica had mijn vader gedecreteerd dat de Bijbellectuur eindigde op het moment van het middagmaal en daarna moest wachten tot de zondag erop. Misschien om dezelfde reden als waarom mijn moeder niet wilde dat de kip koud werd!

'Overstelp mij met de kussen van je mond,' zegt de herderin uit het Hooglied, 'want je liefkozingen zijn zoeter dan wijn.' Was wijn dan zoet? Wijn vond ik juist bitter, scherp, vies. Mijn seksuele voorlichting maakte een slechte start! De Bijbel bedoelt, legde mijn vader gegeneerd uit, dat een kus goddelijk is.

'O ja! Weet ik nog! Mozes is gestorven "met een kus van God"!'
'Mja, nee...'

Liefde en dood: mijn vader heeft het altijd ongemakkelijke thema's gevonden. Om er een draai aan te geven greep hij voor één keer naar de exegetische commentaren. (Als het in zijn kraam paste, vergat hij met plezier dat die het werk van rabbijnen waren!) '"Alle kussen zijn leugenachtig," zegt een midrasj, "behalve drie: de kus uit grootmoedigheid, de kus van het weerzien en de kus ten afscheid."' Wat kon ik antwoorden? Hij liet het Hooglied gauw links liggen en begon weer over de profeten, zodat ik minder geneigd zou zijn domme vragen te stellen.

De stem van mijn vader die de Bijbel leest zindert na in mijn hoofd. Zijn typische declamatie, waarbij het leek of de tekst in verzen was geschreven. Zijn rauwe stem botste door de kamer en overdekte alles, meubels, vloerkleden, gordijnen, zelfs het lawaai van de stofzuiger en mijn politie- en boevenkreten. De stem van Jahweh zelve, gedubd in het Frans met een Pools accent!

Nu zwijgt zijn stem. Zo nu en dan kom ik zijn schim tegen, in stilte voorbijgaand. Maar als ik zijn bijbel opensla, drijft er weer een lichte vanillegeur in de kamer. Ik sluit de ogen, zie mooie, olijf-frisse vrouwen binnensluipen en hoor mijn vader hun namen murmelen...

De Bijbel, een tekst, een stem, een geur, mijn genesis...

Pharmacie des Boulevards

In het begin van de jaren vijftig besloot mijn vader onze rustige buurt te verlaten en een apotheek te beginnen in het centrum van de stad, niet ver van de grote lanen. Gedaan met toeren in de provincie in dienst van andere artiesten. De magiër bestormde de hoofdstad. Meneer Optimist leefde op. Brussel betrad het tijdperk van de moderniteit. Hij ook. Hij liet in het gezinsappartement een badkamer plaatsen, de Amerikaanse elektrische koelkast waar zijn Kuka van droomde, en boven zijn apotheek een lichtreclame 'Pharmacie des Boulevards', die de hele nacht bleef branden. Hij had beter niet met de stroom kunnen meegaan. Zijn onderneming zou een tweede keer in de maalstroom van de moderniteit worden meegesleurd.

De laan waarop zijn keuze viel, slingerde zich langs het stadscentrum, op de grens met een gemoedelijke volksbuurt. Voortaan vormden winkeltjes en ateliers van goedige ambachtslieden het toneel van zijn wapenfeiten. Bistro's op elke straathoek, met 's avonds een paar tippelende prostituees die evengoed bij het buurtleven hoorden als de verkopers van *caricollen*, de straatventers en de scharensliepen.

Aan de overkant van de boulevard begon de stad: lanen met kleurige neonverlichting in de eindejaarsperiode en met mooie, brede caféterrassen waar verschillende dagen per week pianisten en soms hele orkesten voluit gingen. Tussen mijn vaders farmacie en het Brouckèreplein kwam je de ene na de andere bioscoopzaal tegen en ik keek verrukt naar de uitbundig gekleurde vitrineaffiches en de foto's van de weekfilms, terwijl ik probeerde te snappen waarom ik sommige niet mocht zien. Op een paar glansfoto's waren de boezems van de actrices met zwarte stippen bedekt, waardoor ze nog begeerlijker werden. In de Cinéac speelden voortdurend tekenfilms en journaals. Recht ertegenover lag de Crosly, met als specialiteit Duitse musicals. (Onnodig te vertellen dat we daar straal voorbijliepen.) Verderop had je de Victory, de bios voor het plebs, waar elke week een nieuwe western draaide, schuin tegenover de Métropole, een rozemarmeren mastodont. In een zijstraat lag de Cinémax, waar ik toen ik eindelijk oud genoeg was om alleen de filmzaal in te glippen, een heerlijk potje ging griezelen bij de horrorfilms van Hammer Film Productions. Dracula en Frankenstein werden mijn nieuwe helden.

Op zondagmiddag nam mijn vader me soms mee naar de Cinéac, waar hij graag verschillende vertoningen lang naar dezelfde journaals bleef kijken. Geen probleem. Tussen de overstromingen, inhuldigingen en oorlogen door verslond ik tekenfilms. Daarna werden de politieke reportages hervat, die mijn vader ondanks het 'sst!' van de omzittenden voor mij van commentaar voorzag.

Als het ons begon te duizelen, keerden we naar de Bolwerklaan terug om in een café iets te gaan drinken, te midden van de mensenmenigte en de glimmende vitrines. Een mooie banketbakkerij met dubbel uitstalraam en bolle ruiten, hoog boven een paar trotse traptreden van blauwe hardsteen. Een chique, stinkende kaaswinkel, een handschoenenwinkel, een fietsenmaker. De kapper heette René, zijn naam schiet me nu te binnen. Zomer of winter, hij werkte altijd met alle ramen open. Tussen het Noordstation, dat in die tijd op het Rogierplein lag, en de eindhalte van de streektram, in een donkere straat, echt een onguur hol, strekte zich het koninkrijk van Chaïm uit, die inmiddels Hubert was geworden. In de omgeving van de apotheek stond om de vijf huizen een café. Volgens mijn vader was Brussel de stad met het grootste aantal cafés en dichters ter wereld. Ex aequo met Warschau.

Wat betekende Warschau nog voor hem? Een denkbeeldige, voor altijd verdwenen stad waar hij vlakbij was opgegroeid en die hij aan de Duitsers en daarna de stalinistische communisten had gelaten. Als hij over Warschau sprak, was dat niet de Poolse hoofdstad, niet de stad waar hij had gestudeerd, gewoond, liefgehad, niet de stad waaruit Sara haar laatste bericht had gestuurd. Het was een sprookjesstad, onwerkelijk en magisch, even broos als een kaartenhuisje dat je in één adem omver kunt blazen. Voor mijn vader bestond Polen niet meer; het had nooit bestaan. Ik mocht me er niet voor interesseren. De Bolwerklaan was voortaan zijn enige verleden en zijn toekomst. De oude stenen, de burgerwinkels, de drukke menigte op die laan waren de enige familie die hij nog had. Die levendige, bruisende, onverwoestbare buurt zou hem beschermen, zijn thuisbasis vormen en de grondslag voor het geluk en de veiligheid van zijn kinderen en duizenden generaties apothekers na hen, die nog niet waren verwekt maar toch al op het programma stonden, met onberispelijke bril en stofjas. Achter het raam van hun officina zouden zij de zoons, dochters, kleinzoons en kleindochters van de brave wandelaars, zijn dierbare klanten, voorbij zien lopen. De oorlog was voorbij, de verwoesters waren vernietigd en de toekomst was stralend. O ja?

De cavalerie chargeert

Mijn vaders farmacie was klein en smal en stond vol dozen in wankel evenwicht en kasten die tot het plafond reikten. De klantenruimte werd door een hoge toonbank afgescheiden van het iets hogere gedeelte waar hij als apotheker zijn taak vervulde. Tussen hen en hem bevond zich een soort van doorgeefloket. Omdat ik alleen op mijn vaders gedeelte mocht komen, weet ik niet of de klanten, als zij zijn hoofd in het doorgeefloket zagen verschijnen, van schrik verstijfden of zich juist op hun gemak voelden. Mijn vader, mijn lieve vader, met zijn *peperkoeken hart*, die zo blij was als hij iemand een plezier kon doen, dienstbaar kon zijn, zich geliefd kon maken, hoe zou hij dit systeem hebben kunnen bedenken om zijn klanten op de vlucht te jagen?

Ik was te klein om vanwaar ik stond, tussen de toonbank en een zware kast, het hoofd van de klanten te kunnen gadeslaan. Totdat op een dag een bereden rijkswachter tevoorschijn doemde en met getrokken sabel op me afkwam!

Opgeschrikt door mijn kreten stormde mijn vader het achterkamertje uit. Met gesloten ogen wachtte ik op de genadeslag, klaar om in de hemel ergens ter hoogte van Warschau bij mijn voorouders te belanden.

Verbaasd omdat ik een paar tellen later nog leefde, waagde ik een blik. De rijkswachter was er nog steeds, kaarsrecht op zijn paard, maar nu stond het schuwe beest stil, pal voor de toonbank. Bij het zien van mijn vaders woedende gezicht in het doorgeefloket had het dier bruusk halt gehouden. Amper van de schok bekomen keek de rijkswachter rond alsof hij – net als ik – uit een nachtmerrie kwam en ten slotte liet hij zijn wapen zakken.

'Ho! Rustig, hè, rustig', bromde hij, alsof mijn vader hem iets had verweten, terwijl die van de schrik geen woord had uitgebracht. Toch herhaalde de rijkswachter nog eens: 'Rustig, zeg ik, rustig', terwijl hij weer zijn knorrige zelf werd. Met een air van gekwetste waardigheid liet hij zijn paard een elegante draai maken en begaf zich weer naar buiten naar zijn kameraden.

Er vielen die dag veel gewonden bij de demonstranten, die naar verluidt op straat waren gekomen voor de schoolvrede. Er blijft me van de hele zaak één beeld bij: de rijkswachter en zijn paard, die zoals de eerste de beste klant geen kant meer op konden voor de enorme toonbank van mijn vader en gedwongen waren zich aan hem over te geven...

Een magische plek in de wildernis

Toen mijn vader op een late ochtend in het achterkamertje (hoog-dravend 'laboratorium' geheten) bezig was met zijn kwakzalvers-middeltjes, liep ik de apotheek uit en wandelde naar de eindhalte van de streektram.

Het station van de streektrams was een soort modderige berm boven de Zenne, de rivier die vroeger, voordat hij met een paar ton beton werd overwelfd, door het Brusselse landschap stroomde. Om de tram te nemen moest je een nauwe doorgang in tussen blinde muren van oude handelsgebouwen en verlaten han-gars, een sinistere plek die naar armoe, leegstand en ratten riekte. Veruit mijn favoriete plek in de hele wijk. Goochelend met zware locomotieven en wissels koppelden de trambestuurders, *wattmen* in het Brussels, de stellen aan elkaar en reden langzaam weg, een mysterieuze bestemming tegemoet. Stadstrams hadden een num-mer en streektrams een grote zwarte letter die op een houten plaat boven het voorste rijtuig was geschilderd, met daarachter de naam van het onbekende oord waar ze hun passagiers naartoe brachten, Steenokkerzeel, Zottegem, Machelen, Mollem.

Die ochtend sloeg ik twee uur lang dat circus gade, toen een boze geest me ineens toefluisterde: 'Ga er potverdikke vandoor! Waar wacht je op?'

Aangespoord door dit stemmetje sprong ik op het achterbal-kon van een tram die net was gaan rijden. Ik voelde me opgewon-den als een belhamel met een paar glazen op. In die gezegende tijd reden de trams met open deuren, zodat je er op de valreep nog bij kon. Op naar het avontuur! Tonkin, Tanger of Matadi? Warschau misschien? Sowieso een magische plek in de wildernis.

De tram reed door de stad en daarna de voorsteden, en beetje bij beetje stapten alle passagiers uit. Niets wees erop dat het land van Duizend-en-een-nacht naderde. Hoe verder weg van Brussel, hoe meer alles op Brussel leek! Dezelfde kleine opbrengsthuizen als aan de overkant van de apotheek, grauwe straten, donkere pleinen, huizen in opbouw en daartussen een paar overgebleven velden. Ten slotte bereikte de tram zijn eindbestemming. 'Alle-maal uitstappen, *Tout le monde descend!*' riep de conducteur. De magische plek leek bovenal op de Bolwerklaan! De andere kant van de planeet gaf een déjà-vugevoel. De mensen liepen niet met hun hoofd ondersteboven. Ze droegen geen lendendoek en hadden geen botje door hun neus. De enige 'wilde dieren' waren honden die me kwamen besnuffelen en mistroostig weer afdropen alsof ook ik ze niet exotisch genoeg was.

Toen ik van mijn expeditie terugkeerde, liep mijn vader ongelukkig genoeg juist langs de eindhalte. Het kwam me op een geduchte uitbrander te staan in het bijzijn van alle passagiers. 'Goeie God, ik loop je al de hele tijd te zoeken! Waar heb je gezeten?'

'Nergens...' mompelde ik zielig.

'Je weigert te antwoorden?'

En tot mijn grote schaamte begon hij weer te bulderen, met al die mensen erbij. Hoe kon hij aan mijn oprechtheid twijfelen?

'Van Tonkin, Matadi, Warschau, weet ik veel? Kijk!'

Mijn tram was weer weggereden. Maar op de veelkleurige houten plaat viel nog een zeer vage V of W te herkennen.

'Zie je wel, ik kom van V of W!' hield ik vol.

Mijn vader kwam niet meer op het voorval terug en ik van mijn kant meed zorgvuldig de streektrams. Niet zonder spijt. De V of de W was de verkeerde richting geweest. Maar de Y of de Z, wie weet?

Een paar maanden later voorzag de trammaatschappij alle rijtuigen van automatische deuren en daarna verving ze de zware stellen door moderne trams, die even hermetisch dichtgingen als sardineblikjes. Voertuigen die me nooit naar nergensland zouden brengen.

Het wondermiddel van de campionissimi

Het liefste wat mijn vader deed, was 'zijn producten' brouwen. In de spelonken van zijn laboratorium ontwikkelde hij een schoonheidscrème, een bodymilk, pillen tegen hoofdpijn, een dorstlessend koolzuurhoudend drankje dat ook hielp tegen constipatie, vitaminecocktails voor ziekelijke kindjes, een assortiment siropen voor alle doeleinden, een tiental in de kelder gestookte varianten alcohol, en producten op maat voor de jongedames die in de vitrines van de Marktstraat werkten, vlak om de hoek.

Dankzij hun luxe-etiket oogden zijn uitvindingen als de specialiteiten van grote cosmetische laboratoria en wanneer hij ze discreet naar de klanten toe schoof, maakten ze een overtuigende indruk. De schoonheidscrème en de bodymilk hadden een geel etiket met in golvende letters 'Scarlett' en daarboven een sierlijk getekende jonge vrouw die al rilde van plezier bij het idee zich in te smeren. De tekening was het werk van mijn moeder. De pillen droegen de naam Calmodor en het koolzuurhoudende water Poto. De naam was uit mijn leerboek Latijn geput, na moeizame avonden brainstormen met het gezin. Ondanks de gedurfde slogan die de drukker eraan toe had gevoegd, 'de koolzuurhoudende drank van uw zomeravonden', is mijn vader er nooit tevreden over geweest. Zijn voorgevoel bedroog hem niet. Onder de afkerige blik van de klanten stonden de flessen Poto in de rekken oud te worden. De grenadine ontwikkelde algauw de kwalijke neiging zich van het water en het anticonstipatiemiddel af te scheiden en een toevlucht te zoeken op de flesbodem. Elke keer dat ik in de farmacie binnenliep, schudde ik de flessen. Ondanks mijn inspanningen viel er niets tegen de splitsing te beginnen. Nauwelijks was het goedje door elkaar gemengd of de grenadine zocht zijn plaats weer op, zoals een oude kater zijn vertrouwde kussen. Poto begon te lijken op een fles waarin een kleverig, recht uit een film van de Cinémax weggelopen monster op formol was gezet, en stond ver af van de koolzuurhoudende drank van uw zomeravonden.

Op een dag in augustus liep ik uit de apotheek naar buiten omdat er op straat luid met een bel werd gezwaaid. Dat was in die tijd schering en inslag: de soepman, de ijsjesverkoper, de scharensliep, ze hadden allemaal een bel. Deze keer liep er met de 'bellenluider' opvallend veel volk mee.

'Walkowiak komt voorbij!' riep mijn vader achter de toonbank. 'Ga kijken en kom me alles vertellen!'

Achter de man met de bel liep een andere man, met hoogrode kleur, een verwarde zwarte haardos, een kleine kerel, niet moeders mooiste, maar in zijn goudgele trui was hij een god die op de Bolwerklaan was neergedaald. Walkowiak had juist de Ronde van Frankrijk gewonnen en kwam nu vlak voor mijn vaders apotheek zijn ererondje maken, gehuld in de fameuze gele trui die hij in Parijs in de wacht had gesleept!

Ik stoof over straat, haalde de stoet in, glipte tussen ettelijke rijen toeschouwers door en wurmde me tot dicht bij de kampioen. De man met de bel baande een weg terwijl hij luid 'Walkowiak! Walkowiak!' schreeuwde. Afwezig glimlachend volgde de held en deelde onder bravogeroep ongeïnteresseerd handtekeningen uit. Zo nu en dan gaf een bewonderaar hem een cadeautje en de man met de bel stopte dat dan in een korf. Het bracht me op een briljant idee. Ik liep naar de farmacie, greep een fles Poto en keerde zo snel als mijn benen me dragen konden terug naar de kampioen. Ik gaf hem de fles Poto en wist daarbij niets beters te verzinnen dan 'Courage!'

Wat een roemvolle dag voor Poto! Helaas was er geen fotograaf die deze gebeurtenis op de gevoelige plaat kon vastleggen. Temeer daar alles erg snel ging. Walkowiak pakte de fles, reikte die zonder ernaar te kijken over aan zijn begeleider, die hem verstrooid in zijn korf gooide, en het tweetal vervolgde onder toejuichingen zijn weg. 'Walkowiak! Walkowiak!'

Niemand heeft ooit nog iets van Walkowiak vernomen. Als ik wanhopig zijn naam zoek in de winnaarslijsten, verwens ik Poto: tot het eind van mijn dagen draag ik de zware verantwoordelijkheid voor de val van een groot kampioen.

De waterdrager

Nog een andere fietskampioen liet onze buurt niet los. Fons Van Overstraete. Volgens kapper René had Fons in het begin van de jaren dertig een korte periode van roem gekend na een solo-overwinning in de etappe Vianden-Diekirch in de Ronde van Luxemburg voor amateurs. Hij was professional geworden, maar had nooit kunnen doorbreken. Tot aan de oorlog had hij zich afgebeuld als waterdrager voor de vedette van zijn wielerploeg, Sylvère Maes. Ondanks zijn inzet kreeg hij stank voor dank: hij had zijn neus nooit buiten het peloton mogen steken. Wat een spierkracht toonden die jongens die zich lieten terugzakken om de flesjes op te halen en daarna met hun drankjes tegen de borst geklemd in het peloton weer omhoogkropen tot bij de ploegleider.

'Fons had moeten rebelleren, één keertje maar,' zei René, 'genoeg om één Ronde van Frankrijk te winnen en alle favorieten het nakijken te geven. Hij kón het, de goeierd. Híj was Maes' spiermassa!' Hij schreeuwde zijn opstandigheid uit terwijl hij gevaarlijk met zijn scheermesje zwaaide op een paar millimeter van de adamsappel van een klant, die in zijn stoel verstijfd zat. Het klopt, René, we droomden allemaal van de triomf van de ondergeschikte, de revanche van de loopjongen.

In een donkere straat achter de Bolwerklaan was Van Overstraete in een oude leegstaande garage een kleine werkplaats voor fietsreparaties begonnen. Duizenden metalen onderdelen met onbestemde functie lagen op de werkbanken definitief door te roesten. Uitgeput door zijn zware werk als waterdrager had Fons het lokaal nooit schoongemaakt. Niet eens het verbleekte uithangbord een nieuw verfje gegeven. Op een oud zeil had hij een paar stukken gereedschap gelegd, alsof hij daar maar tijdelijk was. Tussen twee klanten door dommelde hij weg in een hangmat aan twee metalen pijlers die de zoldering schraagden – vuile dakramen waardoor een luguber licht naar binnen viel. Van tijd tot tijd, als hem een biertje werd gebracht (een glas Poto heb ik hem nooit durven aan te bieden) vertelde hij over die ene Pyreneeënrit toen Sylvère Maes iedereen had verrast en de Ronde van Frankrijk had gewonnen, in 1935 of 1936; of hoe hij, Fons, het had aangepakt om de geduchte Antonin Magne in de val te laten lopen, zodat zijn baas in Parijs-Brussel de zege kon pakken.

Als Fons op dreef kwam, verliet hij zijn hangmat en maakte zijn verhaal af terwijl hij eindelijk de vehikels repareerde die al dagen in een hoek stonden te wachten. Een enkele keer, als hij echt in vorm was, haalde hij achter de berg oude schroeven zijn eigen fiets tevoorschijn, de fiets waarop hij zijn heldendaden had verricht, waarop hij had afgezien en roem had gekend, de fiets die samen met hem de top van de Tourmalet had bestegen en in de bezemwagen zijn troost was geweest. Hij had er iets op gevonden om zijn kostbaarste bezitting af te scheiden van de vele rommel in de garage. Met twee dikke bouten had hij zijn rijwiel op een houten plank vastgeschroefd, rechtopstaand alsof het zojuist als overwinnaar over de eindstreep was gegaan, trots en fier vereeuwigd, het heilige, gebalsemde vervoermiddel van de laatste farao.

Na Walkowiaks doortocht vertelde ik Fons dat de recentste Tourwinnaar in onze wijk was geweest. Hij zette een zuur gezicht, schudde zijn hoofd en haalde zijn befaamde fiets tevoorschijn.

'Verwacht maar niets van Walkowiak,' zei hij, 'da's een teer *ketje*. Zit niet veel in. Nooit waterdrager geweest. Het type dat zich in het peloton nestelt. Kan niet afzien.'

En hij begon te vertellen over de Ronde van Frankrijk van 1935 of 1936, hoe hij Sylvère Maes aan de overwinning had geholpen, en over de beklimming van de Tourmalet en van de Aubisque, en over de Ballon d'Alsace, de berg die hij in volle vaart in de regen was afgefietst. Drie uur later, toen mijn vader me kwam halen, zat ik nog altijd te luisteren.

'Het is tijd om naar huis te gaan, zoon. Hier, Fons, een paar biertjes. Die heb je wel verdiend door zo lang kinderoppas te spelen.'

'Wat een tijden waren dat', zei Fons terwijl hij het biertje aannam. 'Tegenwoordig hebben de waterdragers *unief* gedaan! Worden de kampioenen volgens mij niet beter van. Snobistischer, dat wel.'

'Maar niet nuchterder!' zei mijn vader nog, en hij ging met de biertjes naast Fons zitten terwijl ik achter in de garage speelde. 'Vooruit, kom', zei hij na verloop van tijd tegen mij. 'En was je maar goed voordat je je moeder onder ogen komt, anders heb je de poppen weer aan het dansen!'

Op zijn stalen ros gezeten keek Fons toe terwijl we met het vallen van de avond vertrokken. 'Zal ik het licht aansteken?' vroeg mijn vader bij het naar buiten gaan.

'Nee, nee', zei Fons roerloos.

Toen ik me omdraaide, waren hij, zijn fiets en zijn werkplaats opgeslokt door de duisternis. Ik heb ze nooit meer gezien.

Duif op Brusselse wijze

Een duivenmelkersclub koos het café naast de apotheek tot hoofdkwartier. Meteen legde mijn vader zich toe op de productie van medicijnen voor duiven. In een paar maanden tijd groeide hij uit tot de universele specialist op dat gebied. Zijn faam verspreidde zich snel in duivenmelkerskringen en de klanten kwamen van heinde en ver. Lang heb ik mijn vader ervan verdacht zijn wondermiddel te hebben ontwikkeld op basis van zijn Potoresearch.

Op een keer kwam uit het café naast ons een duivenmelker de apotheek binnenstormen. Zijn kampioen was in beroerde staat van een verre tocht thuisgekomen. Met trillende pootjes en stuiptrekkend lag hij languit in zijn handen. Tot mijn afschuw griste mijn vader zonder aarzelen via het doorgeefloket de zieke vogel weg en repte zich naar zijn laboratorium, de andere klanten aan hun lot overlatend.

Toen hij even later tevoorschijn kwam, meldde hij met gedempte stem dat de duif aan het rusten was. Tijdens het uur daarop leek de farmacie op de wachtkamer van een intensive care waar een vedette is opgenomen. Het voltallige café was komen afzakken. Een stuk of tien opgewonden fluisterende mensen dromden samen. Om hun angst te stillen vormden drie obers een ketting en droegen biertjes aan zoals je tijdens een brand de emmers met water doorgeeft. Om de zoveel tijd liep mijn vader naar zijn kamertje en keerde dan met een bedrukt gezicht terug. Na een tijdje zagen we dat er een nieuwe ontwikkeling was. Mijn vader kwam glimlachend het laboratorium uit, met in de kom van zijn handen het nog steeds roerloze, maar kalme dier, pootjes in rust, lichaam ontspannen, oogjes alert. De menigte slaakte een luid 'ha!' Bier maakte plaats voor flessen champagne. De eigenaar nam zijn gevleugelde kampioen in ontvangst en gebood ons te zwijgen. Maar terwijl hij een toost uitbracht op mijn vader, maakte hij een onhandige beweging en het dier ontglipte hem, in de richting van de tegelvloer. In de apotheek viel een onthutste stilte. Niets kon de duif nog stuiten in zijn val, toen een wonder geschiedde. Juist op het moment dat de duif te pletter zou slaan, vouwde hij eensklaps zijn vleugels open en verhief zich even majestatisch in de lucht als een piloot die vlak voor de noodlottige looping zijn toestel ophaalt. Secondelang bleef de vogel boven ons hoofd cirkelen, waarna hij, vermoedelijk omdat hij de ruimte te krap vond voor een talent als hij, door de open deur wegvloog en achter de uithangborden verdween. Hoe we de hemel ook aftuurden, de duif kwam niet terug. Na twee uur vergeefs wachten legden de eigenaar van de duif en diens vrienden zich bij de feiten neer.

Toen mijn vader de volgende ochtend de apotheek opendeed, streek de duif ineens op zijn schouder neer. Mijn vader schoot in de lach, stopte een van zijn wonderpilletje in zijn snavel en aaide hem over de bol. Merkbaar voldaan wachtte de duif braafjes op zijn eigenaar.

Burgemeester zoekt kanaal

Het kanaal, op enkele honderden meters van de apotheek, vormde de grens van de wijk. Het was een ver, mysterieus, beangstigend gebied, de Far West. Voor niets ter wereld wilde ik me er wagen. Waarom zou ik? Achter het water was niets. Zoals de Antieken geloofden dat de aarde plat was, zo was ik ervan overtuigd dat de wereld achter het kanaal niet bestond, dat er een zwart gat was, het grote niets. Er moest iets uitzonderlijks gebeuren voordat ik me ertoe verstoutte daar te komen: de verdwijning van de burgemeester van Brussel.

In het café naast de apotheek ging elke dag rond borreltijd een oude heer aan een tafeltje zitten dat voor hem werd gereserveerd in de duivenliefhebbershoek. Ondanks zijn mistroostige voorkomen en zijn zware gang had zijn hele verschijning iets ondefinieerbaar imposants. Je voelde je genoopt hem te groeten, als was hij de onttroonde vorst van een verdwenen koninkrijk. Mijn vader en de andere stamgasten knikten hem altijd toe. Als antwoord hief hij nauwelijks merkbaar zijn glas bier en droef zwijgend knikte hij lichtjes terug. 'Dat is de burgemeester,' fluisterde mijn vader eerbiedig, 'mijnheer Van de Meulebroeck!' Zijn opvolgers zouden in mijn vaders ogen altijd bedriegers zijn. Alleen hij verdiende de prestigieuze titel van burgemeester van Brussel. Als eerste burger van de stad had Van de Meulebroeck dapper weerstand geboden toen de Duitsers de hoofdstad binnentrokken, waarna hij in 1941 uit zijn ambt was ontzet. Diezelfde dag nog liet hij in heel Brussel een striemende proclamatie tegen de nazi's aanplakken. En tegen de collaborateurs, die toen heel wat talrijker waren dan de verzetsstrijders en zelfs de Duitsers.

'Je zult zien', zei mijn vader. 'Morgen zullen burgemeesters standbeelden, zwembaden en nieuwe wegen bouwen die ze naar zichzelf zullen noemen om de aanzienlijke rol die ze tijdens hun verblijf op aarde hebben gespeeld te vereeuwigen. Maar hoe ze zich ook zullen inspannen om een nieuwe stad op te trekken, hun naam zal al bij de eerste steenlegging vergeten worden. De Belgen hebben zogenaamd een baksteen in de maag. Van de Meulebroeck heeft bewezen dat zelfs in België grote mannen hun waarde niet ontlenen aan beton, maar aan een bepaalde opvatting over vrijheid en respect voor het individu.'

Tien jaar later zou ik op zijn minst hebben gegrinnikt. Maar in die tijd was ik nog in voor zedenlessen, net zo goed als voor de Ronde van Frankrijk en radiospelletjes op Radio Luxembourg.

Op een middag kwam de baas van het café naast ons tegen mijn vader zeggen dat de burgemeester verdwenen was. Hij had het etablissement rond twaalf uur verlaten, zoals elke dag, maar was nooit op zijn kantoor aangekomen. Sindsdien werd hij vruchteloos gezocht. Toch had de ober hem zoals gewoonlijk in de richting van de Jacqmainlaan zien vertrekken.

'Had hij veel op?' vroeg mijn vader na enige aarzeling.

De waard keek even naar me en antwoordde: 'Evenveel als anders... Niet meer en niet minder...'

'Ik zie het', zei mijn vader ongerust, en daarna: 'Hij zal toch niet in de richting van de Boudewijnlaan zijn doorgelopen?'

'Goeie genade, het kanaal!' riep de waard uit.

Toen we bij het kanaal kwamen, waren aan de rand van het vieze water al twee brandweerauto's en tal van politieagenten in de weer. Eindelijk zag ik het kanaal. Geen bron van leven in hartje stad, maar de grens. Erlangs stonden oude industriegebouwen, van het water gescheiden door een smalle weg. In het kanaal dreef walgelijke troep, alsof alle riolen van Brussel hier bij elkaar kwamen.

'Kijk!' riep ik. 'Kijk daar!' Iedereen keek op.

'Niks te zien', zei mijn vader.

'Daar!' riep ik, 'Hij moet dáár zijn! Er drijven minstens tien bierflesjes vlak voor ons voorbij!'

'Grappig, hoor', zei de waard, terwijl de anderen weer voortgingen met hun werk.

Mijn vader vloog op me af, pakte me bij mijn arm en bracht me onmiddellijk terug naar de apotheek. 'Ik schaam me,' zei hij, 'ik schaam me diep. Stel dat iemand dit aan de burgemeester vertelt, wat moet die dan niet van me denken?'

'Nou', zei ik, zonder in de verste verte te snappen waarom hij zo kwaad was. 'En als ze hem nu eens dankzij mij terugvinden?

Wat zeg je dan?' Hij stiet een woedend gebrul uit en sloot zich op in zijn laboratorium.

De volgende dag, rond borreltijd, nam de burgemeester zijn vaste plaats achter zijn glas bier in. Mijn vader groette hem – en ik ook. Ik wachtte op mijn medaille, maar de burgemeester antwoordde niet. Ik neem aan dat niemand hem iets had verteld over mijn beslissende rol in zijn redding.

De Pharmacie des Boulevards verdwijnt

Op het bericht dat er in Brussel een wereldtentoonstelling zou worden gehouden, reageerden de middenstanders in de wijk enthousiast. Tot ze vernamen wat hun boven het hoofd hing. Een tunnel vlak voor de apotheek zou de twee delen van Brussel definitief van elkaar scheiden, ter hoogte van de ramen van de eerste verdieping kwam een viaduct, de volkswijk en zelfs het Noordstation zouden tegen de vlakte gaan en plaatsmaken voor projectontwikkelaars en voor een verbluffende kantoorwijk van louter glas en metaal, naar het model van het New York uit stripalbums.

De buurt kwam in actie en besloot een ontmoeting te regelen met de bedenkers van deze grandioze projecten, twee jonge aanstormende politici die beweerden dat ze de ingeslapen stad in een moderne city zouden veranderen. Het liep tegen het midden van de jaren zestig. Vreemd genoeg zag de ene eruit als John Kennedy en de andere als Richard Nixon. Maar zelfs in deze vage mini-imitatie van New York had beton eerder de opwindende geur van geld dan de scherpe reuk van verse mortel. En of je nu in Washington was of in het kleinste dorpje van België, de methoden van politici met de ambitie de wereld te moderniseren vertoonden een merkwaardige gelijkenis.

De delegatie keerde gerustgesteld van deze gesprekken terug. De twee jeugdige dynamische politici hadden hun natuurlijk iets op de mouw gespeld. De bouw van de tunnel en de andere werkzaamheden zouden in een nooit eerder vertoond tempo en met de allernieuwste technieken worden aangepakt. De wijk zou daarna Byzantium, Constantinopel en Manhattan in zich verenigen, compleet met fonteinen en hangtuinen, chique kantoorgebouwen en helihavens, verhoogde straten en roltrottoirs. Dat was het beeld dat ze hadden opgehangen bij de middenstanders, die dan ook verrukt waren over de metropool die in de plaats zou komen van hun verouderde winkels en stulpen. Mijn vader was heel wat minder enthousiast: 'Die kleine vertrouw ik niet, die eerzuchtige tuinkabouter die erbij loopt als Mefistofeles in een operette. En die grote magere, da's een technocraat die Brussel helemaal niet kent; hij denkt dat hij in een stedenbouwkundig lab met lego even een stad kan maken. Ach, konden we maar op Van de Meulebroeck rekenen...'

Helaas had de oude, inmiddels zieke burgemeester niet alleen zijn ambt, maar zelfs zijn aperitiefjes in het café naast ons opgegeven.

Langzamerhand kwam alles in de steigers te staan en werd de hele wijk even kil en grondig vernield als Warschau toen het door de Duitsers met de grond gelijk werd gemaakt.

De Pharmacie des Boulevards en alles wat erin besloten lag, haar geschiedenis, haar tover, haar wereldje, verdwenen in een paar dagen tijd, even abrupt als destijds de vrouw in de koffer van de magiër uit de schouwburg van Verviers. Even bloedig.

Ik was jong, zo jong, en vond de stad om me heen zo oud. De stad en al haar inwoners. Heimwee? Nu de stad weg is, lijkt haar gestolde, voor altijd in nevelen gehulde beeld me niet jong en niet oud meer, niet mooi en niet lelijk. Haar droefgeestigheid, haar rimpels, haar onttakeling zijn als door een wonder weggewist. Het enige wat overblijft, is de herinnering aan de emoties die ze heeft opgewekt, een rijkswachter te paard in een apotheek, een dankbare duif, een streektram op weg naar Honolulu, een vermiste burgemeester, een wielerkampioen te voet door de Bolwerklaan, omstuwd door een uitbundige menigte.

De toverdranken

Soms heb ik het gevoel dat mijn vader enkel en alleen farmacie heeft gestudeerd om volstrekt legaal drankjes, pillen, crèmes, siroopjes en andere elixers te kunnen bereiden, die anders, zonder de bescherming van zijn kostbare diploma, door justitie als gevaarlijk gif en door de inquisitie als hekserij zouden zijn bestempeld en hem op vervolging waren komen te staan.

Als hij zijn Joodse omzwervingen niet in Luik of Brussel had laten eindigen, maar naar Antwerpen of Rotterdam was doorgereisd en daar de boot naar Amerika had genomen, zou hij niet in New York zijn blijven hangen. Hij zou een huifkar hebben gekocht en naar het westen zijn getrokken, en dan had men zijn pad kunnen kruisen terwijl hij onder de naam Dokter Barenboïm door de onmetelijke woeste vlaktes reed, vergezeld van zijn sinds Maków onafscheidelijke koffer van leerbord, die zou uitpuilen van glazen potjes gevuld met chemische stoffen, onwaarschijnlijk gekleurde poedertjes en zoet geurende crèmes. Aan het zeildoek van de wagen zouden grote geschilderde reclameborden hangen, waarop in rode letters het evenement aangekondigd stond: komst van een magiër, wonderdokter, uitvinder van revolutionaire dranken die een omwenteling betekenen in de twintigste-eeuwse wetenschap. Al toen hij na de oorlog zijn eerste apotheek opende, had hij het reclameverbod naast zich neergelegd en het geboortekaartje van zijn apotheek als voorwendsel aangegrepen om zijn toekomstige klanten aan te trekken. Hij ging daarbij zover zich een duivenspecialist te noemen – wat hij inderdaad ook werd. En de beste vervaardiger van specialiteiten die uiteraard uitsluitend bij hem te vinden waren.

Niets kon hem zo plezieren als een wanhopige vrouwelijke klant over de vloer krijgen. Terwijl ze de lijst afliep van de rampspoed die haar trof, luisterde hij zonder haar te onderbreken, met schuin hoofd om niet één van haar aandoeningen te missen. Haar man was zuur, doof en agressief geworden en daarnaast ook alcoholist. Hij had haaruitval, buikpijn en afschuwelijke rode vlekken op zijn gezicht. Erger nog was dat zijn kwaal besmettelijk was. 'Kijk naar die puist op mijn neus, meneer de apotheker, en dan heb ik het nog niet over het feit dat ik zo'n opgeblazen gevoel heb terwijl ik de mayonaisepot al drie dagen niet heb aangeraakt.' Zodra ze klaar was met haar gejammer, richtte hij zijn hoofd op en dacht een paar tellen diep na. 'Kom morgen terug', meldde hij op ernstige toon, waarbij hij dankzij zijn Poolse accent liet voelen dat hij de situatie volledig meester was, als een goeroe die uit twee-honderd jaar lethargie ontwaakt. 'Ik denk dat ik de oplossing heb voor uw lijdensweg.'

De volgende dag, nadat hij soms tot laat in de avond in zijn lab had gewerkt, schoof hij de dame met de discretie van een dea-ler een fles toe met een bizarre, wat geleiachtige, bij voorkeur rode substantie, waarvan ze drie keer daags vóór de maaltijd moest drinken – 'Opgelet! Ervoor! Komt u anders niet klagen dat het niet heeft gewerkt.'

Ik weet niet of mijn vader *Knock ou le triomphe de la médecine* van Jules Romain had gelezen, maar net als de vrouwelijke patiën-ten in dat toneelstuk keerde de dame een paar dagen later met de ogen vochtig van dankbaarheid terug: 'Hij is genezen! Dankzij uw remedie is hij zelfs van zijn verstopte oren af!'

Mijn vader volstond met een bescheiden, hoofdschuddend glimlachje en wendde zich naar de volgende klant, een vrouw die het gesprek even aandachtig had gevolgd als ging het over koning

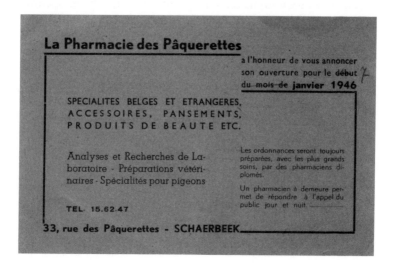

Boudewijns bedgeheimen. Hij had het belang begrepen van mondreclame om een slechts met een toverstaf gewapende artiest een lange en grootse carrière te bezorgen.

Ook ik mocht van de remedies van de wonderdokter meegenieten. Toen ik klein was, bracht mijn vader mijn huilbuien tot bedaren door me te laten sabbelen op de stop van een fles alcohol die hij net voor vrienden had gedistilleerd. Volgens mijn moeder, die altijd kritisch stond tegenover de methoden van haar man, kreeg ik de smaak zo te pakken dat ik zodra hij de kamer inkwam, begon te huilen totdat hij de fles opendeed. Plop! Alleen al het geluid had een sussend effect op me. Naar het schijnt had ik een bijzonder zware, ongewoon krachtige stem voor mijn leeftijd. Nog snerpender dan de sirene op het dak van het postgebouw in de buurt, die elke eerste donderdag van de maand loeide ter voorbereiding op de volgende oorlog en waarvan ruiten, glazen en porselein gingen trillen.

Mijn vader had zijn distilleerkolf in het kleine laboratorium achter in zijn apotheek geïnstalleerd. Daar maakte, stookte en verbeterde hij diverse sterkedrank en vruchtenlikeur, en zijn bedrevenheid op dat gebied was des te diabolischer omdat hij zijn brouwsels niet zelf consumeerde. Hij nam er alleen een slokje van, zoals een kok zijn gerechten proeft, om na te gaan of ze wel de nodige volheid, sterkte en consistentie bezaten. Tevreden over het resultaat deed hij de flessen dan met een kurk weer krachtig dicht en deelde ze uit in zijn omgeving. In ruil daarvoor kon hij rekenen op de bewondering van zijn vrienden – brandstof die hij nodig had om zoveel plezier te beleven aan zijn schijnalcoholisme.

Met de crèmes, tabletten, zalven en andere producten die hij uitvond, had hij de gevaarlijkste concurrent van mijnheer L'Oréal kunnen worden als hij niet koppig had geweigerd zijn geheimen te gelde te maken bij de laboratoria die hem benaderden. Dat vertelde mijn moeder althans, op een toon die afhankelijk van het moment nu eens bewonderend, dan weer bitter was. Mijn vader heeft de beweringen van zijn vrouw nooit gelogenstraft. Hij liet haar praten, sprak haar niet tegen, onthaalde de legende alleen op een korte schaterlach.

Ik ben ervan overtuigd dat zijn aanleg voor wonderdrankjes ontstaan is op de dag dat mijn moeder zijn apotheek binnenliep. Hoe laat het feit dat 's werelds mooiste vrouw zich in zijn armen wierp, zich anders verklaren dan door de kracht van een liefdeselixer dat speciaal voor de gelegenheid was klaargemaakt? Is het denkbaar dat Rebecca zomaar *over the counter* door een gewone coup de foudre op Chaïm zou zijn gevallen?

Dat mijn vader een shock kreeg toen hij de fantastische brunette in het oog kreeg die medicamenten voor haar oom Harry kwam halen, staat buiten kijf. Maar om die knetterende spanning op mijn moeder over te brengen nog voordat ze de apotheek uit wandelde en voorgoed verdween, moet hij het mooiste goochelnummertje hebben opgevoerd van zijn hele carrière. Mede dankzij de emotionele schok wist hij in een paar minuten tijd een drankje te brouwen dat hem tot prince charming maakte, de meest sexy man in het rond. Feit is dat hij Rebecca wist te betoveren. En dat zijn eendagstalent zijn verdere leven lang de clou van zijn show werd.

Het verhaal van de zwarte hond

Sinds ik me in deze onderneming heb gestort, word ik elke nacht midden in een droom wakker. Vlak voor de ontknoping. Alsof ik in volle actie door een geheimzinnige hand door elkaar word geschud om te verhinderen dat dit verhaal waarmee ik worstel zijn afwikkeling vindt. Wat ervan blijft hangen is vaag, maar het laatste beeld, vlak voor ik mijn ogen opendoe, staat me scherp voor de geest. Ik ontwaak altijd op het moment dat ik op het punt sta iets te doen: een uitgestoken hand pakken, iemand omhelzen, een bal uit de lucht plukken. Niets gruwelijks, zoals u ziet. Ik word niet door duivelse schepsels aangevallen en niet door nazi's belaagd. Ook al weet ik direct daarna al niet meer wat ik heb gedroomd, er is een aangename nasmaak, van een zachte wereld, een nevelige cocon met de geur van suikerspin, bevolkt door tedere, lieve mensen. Sara beroert me met haar onweerstaanbare glimlach, Frania reikt me een plakje gebak aan terwijl de kachel ronkt op de begane grond. Dat soort dingen. En toch word ik met bonkend hart en badend in het zweet wakker alsof ik aan een monster ben ontsnapt.

Op een nacht kwam met opengesperde muil een grote zwarte Duitse herder op me af. Ik was niet bang. Het was niet het angstwekkende dier van een nazikampbewaker, en evenmin de antisemitische Poolse viervoeter, mijn vaders obsessie. Ik had hem zonder aarzelen herkend. Het was de Duitse herder van Chaïms grootvader. Ik weet het omdat ik dat verhaal vroeger heb opgetekend. Ik moet een stuk of tien jaar oud zijn geweest en zat te foeteren omdat ik geen inspiratie had voor mijn opstel ('Vertel een familieverhaal van drie pagina's'), toen mijn vader, die het beu was me te horen zuchten, zijn krant dichtdeed.

'Waarom vertel je niet over je overgrootvader?' riep hij geërgerd, alsof ik door een of andere goocheltruc op de hoogte was van alle souvenirs die hij nooit met me had willen delen.

'Mijn grootvader was boer', ging hij verder. 'Zijn grote trots was een prachtige gitzwarte hond. Een Duitse herder die hij in een gracht had gevonden, waar iemand hem voor dood had achtergelaten (de hond wilde kennelijk geen Joden bijten). Hij had hem verzorgd en grootgebracht, met meer liefde en aandacht dan hij voor zijn eigen kinderen had gehad. Op een keer, toen de klok in de hal van het huis middernacht sloeg, jankte de hond het hele huis wakker en lag iedereen naast zijn bed. Behalve zijn baas... die dood was. Toen de hond de grafdelvers zag, werd hij gek. Kwijlend beet hij naar iedereen die in de buurt van het lijk probeerde te komen. De grafdelvers gingen ervandoor, uit schrik dat hij hondsdol was. Aba en zijn broers troffen het niet beter. Het dier kende hen sinds ze kind waren, een paar zelfs sinds hun geboorte. Het was altijd lief en aanhalig voor ze geweest. Maar toen ze de hond de kamer probeerden uit te krijgen, beet hij hen tot bloedens toe. Om hem de kamer uit te sleuren en tijdens de begrafenis in de schuur op te sluiten moesten ze uiteindelijk een beroep doen op twee potige boeren die ervaring hadden met het temmen van paarden. Bij terugkomst van de begraafplaats zagen ze een grote spleet in de schuurpoort, alsof de bliksem was ingeslagen. Het dier was weg. Een paar weken later klopten er onthutst mensen aan. Ze beweerden dat ze de grote zwarte hond kaarsrecht op het graf van zijn meester hadden zien zitten. Om er het fijne van te weten posteerden Aba en zijn broers zich om beurten op de begraafplaats, met de Bijbel op hun knieën als talisman. Maar het dier liet zich niet meer zien – zijn schim evenmin. Het verhaal verspreidde zich in de omringende dorpen, waar het voor paniek zorgde. Jodenhaters profiteerden ervan om voedsel te geven aan haat. De familie vreesde dat de zaak als voorwendsel voor pogroms zou worden aangegrepen. Nauwelijks hadden ze hun wachtrondes op de begraafplaats gestaakt of de hond werd teruggevonden. Zijn nog warme lijf, mager als was hij uit de hel teruggekeerd, lag op de zerk van zijn baas.'

Ik schreef dit verhaal woordelijk neer (behalve de toespeling op de antisemieten, die ik de rest van de klas liever bespaarde). En bedankte mijn vaders grootvader dat hij me aan een goed cijfer had geholpen. Toch was ik nooit nieuwsgierig genoeg om de familiegeschiedenissen nader uit te spitten. Of dit verhaal in verband te brengen met mijn vaders herhaalde stelling dat Poolse honden een hekel hebben aan Joden.

Retourtje beloofde land

Voor mijn zeventiende verjaardag trok ik naar Israël, mijn eerste buitenlandse reis zonder mijn ouders. In Marseille stapten we met een groep van het Joods Agentschap op een oude, gammele schuit die de Middellandse Zee zo te zien al minstens sinds de kruistochten bevoer, en we stapten uit in Haifa, na een oversteek van een vijftal dagen waarin we pioniersliederen zongen, meisjes versierden en het geheimzinnige scheepsruim bezochten, dat evengoed pelgrims die naar Mekka gingen als Joden die uit Jemen of Algerië naar het beloofde land vluchtten, een onderkomen bood.

Mijn grootmoeder was voor mij een grote onbekende, ik wist niets van de Frania die diep in mijn moeders dozen verborgen zat. Behalve dat ze het getto van Warschau had overleefd en toen ze eenmaal in België was, met mij in de parken van Brussel ging wandelen terwijl ze me in het Jiddisj verhalen vertelde die ik niet begreep – vandaar mijn voorliefde voor onbegrijpelijke verhalen. Die heb ik nog niet naar boven kunnen brengen, maar ik heb goede hoop dat ze ergens diep in mijn geheugen op me liggen te wachten.

Toen Frania in het begin van de jaren vijftig in Israël was aangekomen, vastbesloten het verleden te begraven en een nieuw leven op te bouwen, was ze op een avond Misjka tegen het lijf gelopen, haar jeugdliefde, van wie haar ouders haar destijds ruw hadden gescheiden om haar tot een huwelijk met Aba, mijn vreselijke grootvader, te dwingen. Misjka, het grote verdriet van haar leven, Misjka, van wie ze dacht dat hij in rook was opgegaan, zoals bijna de hele familie, stond – als bij toverslag? – plotseling voor haar neus, met een glas in zijn hand, bij vage vrienden die haar te dineren hadden gevraagd. Alsof hij altijd op haar was blijven wachten. Had God wroeging? Had Hij deze verrassingsontmoeting uitgelokt ter compensatie van de schade die Hij had aangericht? Een paar weken later werd in een euforische, ontroerde sfeer het huwelijk van Frania en Misjka gevierd. Maar, zoals ook blijkt uit het verhaal van Lots vrouw, je kunt maar beter niet omkijken. Gedane zaken hebben geen keer. Frania had er nog eens de Bijbelpassage moeten op naslaan die Aba zo vaak voor haar had aangehaald, o wrede ironie. Frania was met Misjka niet gelukkig.

Nadat Frania over haar ongelukkige jeugdliefde een kruis had gemaakt, trok ze zich terug in een bejaardentehuis op de top van de Karmelberg, die boven Haïfa en de Middellandse Zee uitrijst.

Toen ik in haar kamer binnenkwam, zag ik eerst een graatmagere, niet al te krasse dame, met haren witter dan de trottoirs van Maków op kerstavond. In een leunstoel die veel te groot voor haar leek, las ze de krant. De huid van haar licht bevende handen was bijna doorschijnend. Zodra ze me opmerkte, sloeg ze haar ijsblauwe ogen naar me op. Terstond veranderde het oude vrouwtje in een stevige bokser die op het toppunt van zijn roem de ring vaarwel had gezegd, lang voor die ene wedstrijd te veel.

Zonder me tijd te gunnen om te bekomen stond ze verrassend gracieus op, liep met enige aarzeling op me af (er waren zo veel mensen uit haar omgeving verdwenen dat ze niet zeker wist of ik het wel was) en gaf me even onhandig als mijn vader altijd had gedaan een kus.

Ze troonde me mee naar de salon, die uitzicht bood op een schitterend landschap: de witte huisjes van Haifa tot aan de haven beneden, de gigantische bahaitempel met de vergulde koepel, die in de zon glansde, de zee en het blakend witte licht; Israël, het bevrijde land waar ze – zonder het aan haar man te bekennen – zo naar had verlangd en waar ze na zoveel omwegen was gaan wonen, nadat ze haar twee overlevende kinderen opnieuw in Brussel had achtergelaten.

Ik herinner me de warmte van haar hand op mijn arm, haar hand die me nog een keer over de haren streek, terwijl ze me van top tot teen monsterde, alsof ze in mij de trekken van haar verdwenen kinderen wilde terugvinden. En haar ogen, die zo fel waren dat ze iedereen die haar kwaad had proberen te doen, hadden verbrand.

Er blijft ook een pijnlijke herinnering. Met een tegelijk zachte en besliste stem sprak Frania tegen me in het Jiddisj, zoals toen ze mij als baby in de kinderwagen mee uit wandelen nam. Aan de lessen Duits die ik intussen had gevolgd, had ik weinig of niets. Met moeite begreep ik een paar losse woorden zonder samenhang. Ik deed mijn mond niet open, niet in staat haar iets over mijn leven te vertellen, haar de duizend vragen te stellen die ik mijn vader nooit had durven te stellen.

De hele middag hebben we elkaars hand vastgehouden, elkaar bij de arm gepakt, naar elkaar gekeken. Daarna bracht ik haar terug naar haar kamer. In de deuropening streek ze een laatste keer over mijn haar, met een trieste glimlach, terwijl ze een zin mompelde die ik niet heb verstaan, een boodschap die ik nooit te weten zal komen.

Vriend Maurice

Frania, met haar zeven wonderbaarlijke levens, was levend uit het puin van Maków gekomen. De enige andere getuige van een voor altijd verwoest verleden was Moysje, die samen met mijn vader uit Maków was gekomen om in Luik te gaan studeren, waar hij Maurice werd, terwijl Chaïm veranderde in Hubert-Henri. Toen Maurice zijn ingenieursdiploma op zak had, ging hij aan de slag bij Kuhlmann in Zelzate, een stadje tegen de Nederlandse grens. Hij nam zijn intrek in een huisje vlak bij het reusachtige petrochemische complex, samen met zijn vrouw, die eveneens uit Maków was weggekomen. Ze hadden een zoon. Eén zondag in de maand namen we de trein naar Gent, waar Maurice ons met de auto kwam ophalen.

Mijn vader trok zijn mooiste pak aan, met een stropdas en een parelgrijze hoed die hij voor feestdagen bewaarde. 'Klaar, Kuka?' Toegewijd als een musicalartieste maakte mijn moeder zich langdurig op, blush, mascara, lipstick, ook al werd mijn vader ongeduldig. Om de haverklap riep hij: 'Kuka! We gaan onze trein missen! Je bent hier niet in Vilnius. In België wachten locomotiefbestuurders niet op Joodse prinsessen!'

Op haar kaptafel stonden drie grote spiegels waarvan de buitenvleugels open en dicht scharnierden, zodat het opgemaakte gezicht van mijn moeder tot in het oneindige werd weerkaatst. Ik sloeg haar graag gade, trots dat ik al die reproducties van mijn moeder voor mij alleen had.

Na het middageten maakte Maurice met ons een wandeling langs het kanaal in de richting van het Nederlandse Terneuzen.

Een somber landschap in een vlakte die plat was als een pannenkoek, met fraaie rode bakstenen huisjes en fabrieksschoorstenen, en als enige beweging de langzaam voorbijschuivende aken. Een achtergrond à la Simenon. Terwijl we langsliepen, stonden de arbeiders op die in hun deuropening een frisse neus zaten te halen, en deden hun hoed of pet af om 'Meneer Ingenieur' te groeten. Als een van hen hem in het Pools aansprak, bleef mijn vader een praatje maken. Hij deed dat met zo veel overgave dat je ineens voelde hoe hij Polen miste...

Weer thuis werden de tuintafel en -stoelen tevoorschijn gehaald. Bij warm weer deed Maurice zijn jas uit, stroopte zijn mouwen op en sneed de taart aan.

Hij was klein en gedrongen, gespierd als een catcher, met forse hammen van armen. Op de blanke huid van zijn voorarm stonden in blauwe inkt een paar cijfers getatoeëerd. Niet-begrijpend keek ik ernaar. Wat hadden die cijfers te betekenen? Een geheime code? De lengte- en breedtegraad van het eiland waar de schat van Scharlaken Rackham begraven lag? 'Hou op met naar de arm van Maurice te kijken. Dat is heel erg onbeleefd. En stel vooral niet die ene vraag die op je lippen ligt. Dat cijfer is de tatoeage van het *kamp*', fluisterde mijn moeder op een dag geërgerd, toen Maurice juist met mijn vader de deur uit was en zijn vrouw in de keuken de koffie haalde.

Over Maurice' drie jaar in het *kamp* en zijn miraculeuze overleving werd nooit gesproken. Zelfs aan zijn zoon had Maurice daar niets van verteld. Families uit Maków hadden het niet graag over het verleden. De bladzij was omgeslagen, het boek dichtgeklapt, opgeborgen diep in een lade waarvan de sleutel was weggegooid. Zo hadden Maurice en mijn ouders besloten een toekomst voor hun kinderen op te bouwen. Door gelukkige, geheugenloze Belgjes te maken in een welvarend land dat nooit meer in aanraking zou komen met oorlog. Hun kinderen zouden Frans en Nederlands leren, maar zeker niet de talen die tot de Holocaust hadden geleid, Jiddisj en Pools, symbool van een uitgevaagd verleden.

Evenmin ben ik ooit iets te weten gekomen over mijn grootmoeders leven in het getto van Warschau. En de beelden die ik heb bekeken, foto's of films die door de Duitsers zijn gemaakt, zijn zo verschrikkelijk dat ik me nooit heb kunnen voorstellen dat een van die silhouetten mijn grootmoeder was. Temeer daar ik mijn vader alleen het volgende souvenir aan haar verblijf in het getto heb kunnen ontfutselen. Omdat ik elke avond aan de verplichte wasbeurt in de badkamer probeerde te ontsnappen, zei mijn vader op een keer: 'Toen je grootmoeder in het getto opgesloten zat, maakte ze er een erezaak van elke dag haar tanden te poetsen. Toon je een waardige kleinzoon.'

'Doe wat je vader zegt', voegde mijn moeder eraan toe, die altijd het laatste woord had.

Terugkomend op de begraafplaats

Ben ik hem bij zijn dood wel trouw geweest door een religieuze begrafenis te bestellen? Of heb ik verraad gepleegd tegenover de militante leek die met scherp schoot op de religie en haar zeloten?

Joodse begraafplaats, rabbijn, kaddisj, gebeden in de synagoge de zaterdag daarop: alles zat in de prijs die ik het synagogebestuur verschuldigd was. Was dat niet veel, echt veel te veel komedie om zo'n verstokte ongelovige ter aarde te bestelen?

Toen ik mijn moeder bij het verlaten van het ziekenhuis de vraag stelde, was haar antwoord, praktisch als altijd: 'Wat voor zin heeft het daarover je hoofd te breken? Ga naar de synagoge. Zeg dat je vader dood is. Zij doen de rest.'

Omdat ik dringend allerlei formaliteiten moest regelen, had ik geen tijd om na te denken over de vele vragen die door me heen spookten. Ten eerste: was ik de enige met twijfels over de ware oorzaken achter mijn vaders dood? Een moord? Wie was dan de moordenaar? Uit welk donker hoekje van mijn vaders verborgen en vergeten verleden was die opgedoken en wat had hij willen wreken?

In plaats van een politieonderzoek te starten waardoor ik eindelijk inzicht had kunnen krijgen in mijn vaders verleden en de redenen waarom dat diep in ontoegankelijke dozen moest worden weggestopt, zou ik nu zelf alle sporen helpen uitwissen door zijn stoffelijk overschot onverwijld te laten begraven, zoals de joodse godsdienst dat voorschrijft.

Nog een vraag: een civiele of een religieuze uitvaart?

Eerst had ik het op een akkoordje proberen te gooien met de uitvaartverzorger: akkoord voor de kaddisj, maar kan de rest niet achterwege blijven, de rabbijn, de gebeden, de synagoge?

Mijn vader heeft geen instructies achtergelaten, maar ik weet niet zeker of hij het wel op prijs had gesteld...

De man wierp me een gemelijke blik toe en schudde het hoofd, als om te zeggen: 'Hier wordt niet à la carte gewerkt, meneer. U neemt ofwel het volledige menu, ofwel niets. Als het u niet aanstaat, moet u naar een ander gaan.'

Ik zei dat ik erover moest denken, en belde vriend Maurice op.

'Weet je nog hoe je vader zich 's zondags kleedde?' vroeg hij. 'Zijn mooiste pak, zijn mooiste stropdas, zijn parelgrijze hoed.'

'Zelfs als we in het Ter Kamerenbos gingen wandelen of roeien op de vijver, bij het Robinsonchalet, wilde hij er altijd op zijn zondags uitzien. Ik heb er hem vaak mee geplaagd.'

'Nou, volgens mij zou hij zijn begrafenis als een heel bijzondere feestdag hebben gezien. Echt. Het zou maar triest zijn als je die begrafenis niet met toeters en bellen zou vieren! En ik beloof je dat ik je er niet mee zal plagen!' liet hij er na een stilte op volgen.

Hoe dan ook, bij die toeters en bellen hoorde allerhande kwezelarij waar mijn vader een gruwelijke hekel aan had.

'Wij, Joden, zijn verschrikkelijk maf', legde een andere vriend van mijn vader me uit. Hij heette eveneens Maurice en had twee jaar concentratiekamp overleefd. 'Katholiek zijn is makkelijk: je gelooft in God, je eert zijn zoon Jezus en zijn mama Maria. Als je van je geloof valt, houd je op katholiek te zijn. Daarmee is de kous af. Bij de Joden ligt het veel ingewikkelder. Sommigen geloven zo hard in God dat ze hun baard en hun nagels laten groeien en zich als zeventiende-eeuwse Poolse boeren kleden om maar door Jahweh te worden gehoord – een god die blijkbaar weinig opheeft met skinheads in spijkerbroek. Anderen rekenen op Gods hulp in geval van nood als wederdienst voor een jaarlijks bezoekje aan de synagoge op Grote Verzoendag. Ze respecteren de vasten, maar rijden met de auto naar de synagoge omdat het onmenselijk is met een lege maag te lopen. De meesten onder ons geloven niet in God, behalve als ze ziek zijn, of bijna dood. Of ze haten Hem vanwege alle beproevingen die die smeerlap ons heeft aangedaan. (Hoe kan ik Hem dat intermezzo in Mauthausen vergeven?) Er zijn de onverschilligen, die als gojims leven tot op de dag dat iemand hen uitmaakt voor "vuile Jood" en ze in een woordenboek moeten gaan opzoeken wat dat betekent. En dan zijn er nog degenen zoals je vader: ze hebben het judaïsme volledig van zijn religieuze inhoud ontdaan, verwerpen de rituelen, steken de draak met de gelovigen, hebben een hekel aan de rabbijnen, maar vinden zich even Joods als de inwoners van Mea Sjearim. Voor je vader was het judaïsme het erfgoed van een hoogontwikkelde beschaving, een weergaloze geschiedenis, hij zag onze cultuur als zo'n draaiende discobol met een mozaïek van spiegelscherfjes waarin alle beschavingen ter wereld worden weerkaatst.'

'Oké, maar moet ik hem daarom een rabbijn opdringen?' hield ik vol.

'En waarom niet? Een rabbijn is bij ons gewoon maar een kerel die de Bijbel kent, iemand die zijn dagen doorbrengt met studeren in plaats van te werken zoals je vader, jij en ik.'

Hij haalde zijn schouders op. Waarom moest ik het zo moeilijk maken?

Maar toen ik uiteindelijk besefte dat mijn moeder (die al even ongelovig was als mijn vader) het kwaad zou hebben als ik hem geen joodse begraafplaats als laatste rustplaats gaf, gaf ik me gewonnen.

En zo stond ik dus bij zijn graf kaddisj te zeggen, in mijn zondagse pak (dat ik anders nooit aandeed, vooral niet op zondag), met een knellende stropdas om mijn nek en een hoed op die ik in mijn vaders kast had gevonden.

Achteraf gezien vraag ik me af of dat moment op de joodse begraafplaats, met alle toeters en bellen, geen extra beproeving was die God ons zond, na de uittocht, de pogroms, de Duitse filosofen, de gevulde karper, de chansons van Jacques Brel, hoofdpijn, de Polen, verstikkende moeders, de films van Lars von Trier en de kampen des dood.

Als het op grappen aankomt, blijft die goeie ouwe Jahweh echt de ongeslagen kampioen, zelfs al zijn er intussen nieuwe generaties humoristen opgestaan, Sjolem Alejchem, Jerry Lewis, Woody Allen, Malamud of Michael Chabon – ze zijn er allemaal niets bij.

Kaddisj

Zo stond ik daar dus voor mijn vaders lijk, met mijn moeder aan mijn arm, die voor het eerst in haar leven verplicht was een rabbijn alle goeds over mijn vader te horen vertellen, ook al wist hij tot de vorige dag niet eens van diens bestaan af. Ter voorbereiding van zijn speech had hij me een paar vragen gesteld, waarop ik met een dichtgeschroefde keel een antwoord had gehakkeld; als stotteraar deed ik niet onder voor Mozes. Waar en wanneer is uw vader geboren? Hoe heetten zijn vader en zijn moeder? Wat was het lot van zijn familie tijdens de Holocaust? Waarom maakte hij het me lastig met zo'n verhoor waartegen ik niet opgewassen was? Let wel, hij had me niet gevraagd: wie heeft uw vader vermoord? En waarom?

Terwijl hij mijn ontwijkende antwoorden in een toespraak plakte die hij al voor tientallen andere lijken had uitgesproken, flanste de rabbijn een nieuwe Chaïm-Hubert-Henri-Berenbaum-boom in elkaar, die op geen enkel levend schepsel leek, zelfs niet op die brave meneer Janssens voor wie mijn vader zich tijdens de oorlog had uitgegeven. Ik vrat me op van ergernis, wachtend tot hij eindelijk zijn mond hield. Maar de rabbijn praatte, praatte en praatte maar alsof hij op een fooi hoopte. Eindelijk kwam hij aan het eind van zijn toespraak. Met zijn dikke harige vinger, die zich een tijdlang in zijn baard had opgehouden, wenkte hij me naderbij. Ach! Here God, Jij die alles weet, alles ziet, alles hoort, Je hebt vast gemerkt dat ik het ben, een ongelovige, met als taak Jou hulde te brengen op het graf van iemand die nog veel ongeloviger was dan ik, mijn vader, een echte rabbijnenhater. Idee! Kun je niet plotsklaps de broer tevoorschijn roepen die ik nooit heb gehad, de ideale Joodse jongen die de gebeden, het Hebreeuws, de rituelen op zijn duim kent en er schitterend in zal slagen Jouw lof te spreken en al die vreselijke formaliteiten in mijn plaats te vervullen – en wil Je zo goed zijn hem daarna even snel te laten verdwijnen als hij gekomen is?

Met gesloten ogen wachtte ik een paar tellen terwijl ik zeer intens bad. Het was een test. Maar niets gebeurde, niemand kwam tevoorschijn. Naast me op de begraafplaats verscheen hoegenaamd geen kloon van de lievelingszoon van de magiër. Bleven mijn gebeden in Zijn overvolle berichtenbox steken of wachtte Hij tot ik de eerste stap zette? Jij bent wel een harde, Jahweh! Wat wil Je voor die kleine dienst? In het verleden heb Je toch bewezen hoe graag Je schepselen in tweevoud schept? Je deed het al zo vaak, met een eenvoudig tikje van Je toverstaf. De dierenparen op de ark van Noach, Berenbaum en Berenboom, Jansen en Jansens, Dupont en Dupond, Catzaf die doodgaat en Catzaf die overleeft, Hitler en Stalin. Voor de duur van een gebed een broer voor me maken, dat is voor Jou toch een fluitje van een cent!

De rabbijn schraapte zenuwachtig zijn keel en raakte mijn arm aan, wat mijn onderhandelingen met de Hemel ruw verstoorde. Hij werd ongeduldig. Waarschijnlijk moest hij nog naar een ander feest, een begrafenis, een trouwfeest, een bar mitswa. Ik keek naar het blad dat hij vlak voor me hield. De kaddisj. In het Aramees te lezen of liever te hakkelen. *Jitgadal wejitkadasj sjemei rabba...*

De Latijnse letters waarin de Aramese tekst was weergegeven, dansten voor mijn ogen. Maar er was geen ontkomen aan. Ik moest de koe bij de horens vatten, moest stoppen met mijn zelfmedelijden. Hardop die rare woorden uitspreken, alsof ik er even vertrouwd mee was als met de woorden die ik dagelijks als advocaat in de rechtszaal gebruikte. Was mijn vader eren niet de edelste aller zaken? Helaas! Vanaf de eerste lettergrepen ging het mis. Toen ik ten overstaan van de wereld het heilige gebed probeerde uit te spreken, leek de klank die uit mijn mond kwam meer op het gekerm van een geit zonder stem die de herder om hulp wil roepen. Hoe ik ook mijn best deed de tekst te lezen die ik de vorige dag had geoefend, ik had zo'n krop in mijn keel dat er geen enkel geluid door kwam. Een teken van de Heer? Om mij duidelijk te maken dat ik geen waardige gesprekspartner voor Hem was? En dat Hij het vertikte de telefoon op te nemen? Zo'n boodschap was wel iets voor Hem. De god van de joden is een wrokkige, boze, gewelddadige God. De woorden bleven aan mijn tong plakken. Ondanks mijn inspanningen slaagde ik er niet in te articuleren. God, die machtiger is dan ik, duwde ze terug in mijn mond. Het had er niets mee te maken dat de tekst in een dode, onbegrijpelijke taal was geschreven. Ik had alles zorgvuldig voorbereid en de betekenis van elke zin nagegaan, zodat mijn intonatie me niet kon verraden. (Verheven en geheiligd worde Zijn grote Naam in de wereld die Hij schiep naar Zijn wil. Moge Hij Zijn koninkrijk vestigen in uw dagen en tijdens uw leven en nog in deze generatie van Israël, spoedig en in de nabije toekomst etc.) Terwijl ik voor het graf stond, bleef het gebed ergens ter hoogte van mijn strottenhoofd steken. En zeggen dat die snertkaddisj al meer dan tweeduizend jaar door zoons, soms analfabeten, werd opgezegd bij het graf van hun snertouders, om het even waar die als emigranten waren terechtgekomen en door de dood waren verrast. En ik, beroepsmatig spreker, slaagde er niet in ook maar één lettergreep te stamelen. Verdomde God van de wraak, die me onder handen nam om eens goed te laten voelen wie hier de machtigste was, want ik had het gewaagd Hem te tarten! En die mijn vader onder handen nam nadat Hij hem eerst alle gruwelen had laten doorstaan die Zijn maffe geest had georkestreerd. Resultaat: de vreselijkste prestatie van mijn leven. Erbarmelijk. Zelfs Buster Keaton bracht het er beter af toen hij na al die stomme films voor het eerst met geluidsfilm te maken kreeg. De rabbijn probeerde me te hulp te schieten. Hij las elke tekstregel voor, zodat ik alleen maar hoefde te herhalen, nam me op sleeptouw, met steeds luidere stem om te verdoezelen hoe erg ik de woorden verminkte. Zoals een souffleur die geleidelijk uit zijn put komt om de rol van de tekortschietende speler over te nemen. Verloren moeite. Ten slotte stokte mijn iele stem. Ik liet de rabbijn het gebed in zijn eentje afronden in mijn plaats, en zocht een goed heenkomen bij mijn moeder, die me naar haar toe zag lopen, met onaangedane blik, zonder enig commentaar.

In de auto op de terugweg probeerde Maurice me te troosten. 'Chaïm zou blij zijn geweest als hij had kunnen horen hoe je te zijner ere kaddisj zei', merkte mijn vaders oude vriend op. 'Hijzelf heeft nooit de kans gehad de nagedachtenis van zijn vader te eren, en ook niet van zijn broer, en ook niet van zijn zus Sara.'

'Je bedoelt dat hij ontzet zou zijn geweest als hij had kunnen horen hoe ik daar stond te stotteren.'

'Wat telt is de intentie', viel mijn moeder belerend in.

'Toen we nog studeerden, woonden we met zijn drieën op dezelfde kamer. Je vader kocht elke dag de krant en liet ons, Idel en mij, naar hem luisteren terwijl hij hardop het nieuws las, ook al was zijn Frans niet beter dan jouw Aramees! Het duurde veel langer dan de kaddisj, er viel niet meer van te begrijpen en omdat de kamers in Luik zo duur waren, hebben we die vertoning van hem vier jaar lang moeten doorstaan.'

Ik bedacht dat ook ik op den duur wel Aramees zou leren als ik vaak genoeg kaddisj zei. Maar waar was het goed voor? Ik kende in België maar één persoon met wie ik in die taal een gesprek kon voeren. Mijn vader. En hij was dood.

'Je vader zou het geweldig hebben gevonden om te zien hoe je daar stond te hannesen en te knoeien', corrigeerde Maurice. Mijn moeder viel in: 'Het doet me denken aan die keer, je moet toen vier geweest zijn, dat je voor het eerst een cactus zag. We waren aan de Côte d'Azur. Je dacht dat het een poppetje was en wilde het knuffelen, en de rest kun je raden!'

We barstten alle drie in lachen en daarna in tranen uit.

Partijtje voetbal

Ik heb iets anders gedroomd, waarvan ik me slechts één scène herinner. Ik was met mijn vader in een park aan het voetballen. Maar in plaats van tegen de bal te trappen gooiden we met grote stenen naar elkaar, echte rotsblokken, die uiteindelijk een muur vormden die de hemel verduisterde. Het was zo donker dat ik wakker schoot. De droom herinnerde me aan het enige partijtje voetbal dat ik ooit met mijn vader heb gespeeld. Een heerlijk moment met een rampzalig einde.

Mijn vader deed niet aan sport, zelfs niet aan kruiswoordraadsels. Hij had enkel misprijzen voor wie 'zijn tijd verdeed' met supporteren (ook al becommentarieerde hij met zijn klanten, zoals het een goed middenstander en ideale Belg betaamt, verwoed alle voetbal- en wieleruitslagen). Toen ik de aankomst van de Ronde van Frankrijk wilde bijwonen, maakte hij veel misbaar. Hij beweerde dat ik zou verdwalen in die bende vleeseters, waarna hij me persoonlijk meenam naar het Heizelstadion en bij het langszoeven van de kampioenen, vooral dan de Belgische kampioenen, net zo uit zijn dak ging als ik. Aangezien het een tijdrit was en we een eersterangsplaatsje tegen het hekwerk hadden bemachtigd, konden we elke renner met inspanning van alle krachten de wielerbaan op zien stuiven. Nu ik me veertig jaar later het gezicht van een paar van die vedettes voor de geest probeer te halen, is er één die eruit springt, Jacques Anquetil. Hij was dun, raszuiver, een echte windhond die op de overwinning afging met benen die glommen van de olie en een kapsel dat stijf stond van de brillantine. Ik vond hem niet leuk. Hij klopte altijd de Belgen, hoe bovenmenselijk hard ze ook werkten. Het was alsof hij zonder enige moeite boven de andere renners uitsteeg, terwijl de Belgen al sinds 1939 op 'hun' gele trui zaten te wachten. Hij was Superman, kil, schraal, glad. Ik had altijd een zwak voor de losers en de littekens.

Vanwege een voorval dat zich twee weken daarna voordeed, staat het partijtje voetbal met mijn vader pijnlijk in mijn geheugen gegrift.

Ik was door het dolle heen thuisgekomen, ervan overtuigd dat we nu elke week zouden voetballen. Had mijn vader mijn moeder niet verteld dat hij zich even goed had geamuseerd als ik? Toch was onze eerste voetbalwedstrijd ook de laatste. Een paar dagen later kreeg mijn vader een zwaar hartinfarct en hij werd nooit meer de oude. Ik kon me niet ontdoen van het idee dat ik hem bijna de dood had ingejaagd, door hem achter mijn grandioze superknappe ballen aan te laten draven tot zijn hart het begaf.

Veel later vernam ik dat Joden traditiegetrouw steentjes op het graf van dierbaren gooien, telkens als ze hun zerk bezoeken. Nooit bloemen. Alleen steentjes. Was er een verband tussen deze traditie en de rotsvormige ballen uit mijn droom?

Familie, haat ik jullie?

Kijk naar ons drieën, papa, mama en ik, aan tafel in de eetkamer voor een bord kippenbouillon. Mijn vader aan het tafeleind, mijn moeder aan zijn rechterhand, ik aan zijn linker. Hij heeft zijn jas en das nog aan. Het kon er maar net af zijn stofjas uit te doen toen hij met tegenzin zijn officina sloot omdat het etenstijd was. Pas aan tafel en al weer klaar om te vertrekken. Mijn moeders onaantastbare eis om op vaste momenten in gezinsverband de maaltijd te gebruiken irriteert hem zeer. Voor de zoveelste keer moest hij zijn werk onderbreken, juist tijdens de bereiding van een wonderpoeder waar een klante ongeduldig op zit te wachten. Loopt zij nu niet het risico nog vóór het dessert het loodje te leggen? Net als de Messias is mijn vader op aarde gezonden om het leed van de mensen te verlichten en niet om kippenbouillon naar binnen te werken, hoe liefdevol ook door zijn prinses bereid. Behalve op zondag neemt hij nooit de tijd om even uit te blazen en het ervan te nemen. Als hij zich na het avondmaal in zijn krant verdiept, voelt hij zich verplicht om geërgerd commentaar te brommen op de ontwikkelingen in de wereld en de oppervlakkigheid van de journalisten op een toon alsof alle aard- of op zijn minst huisbewoners aan zijn lippen hangen. Uiteindelijk werkt de mediocriteit van het journaille hem zo op zijn zenuwen dat hij een boek openslaat – een geschiedenisboek – waarin hij zich even aandachtig verdiept als een leraar in de toetsen die hij verbetert. Hij verdient een medaille omdat hij zo stoïcijns het helse kabaal verdroeg als ik een en al oor was voor de steeds weer door reclamespots onderbroken radiospelletjes en feuilletons, maar ook omdat hij tot zijn laatste snik heeft geweigerd een tv in het appartement te halen. Allerlei gedachten lijken door hem heen te woelen. Terwijl hij probeert het leven van een of andere beroemdheid of de geschiedenis van deze of gene beschaving te ontrafelen, popelt hij duidelijk om hun beleid over een andere boeg te gooien of de wereld op een nieuwe leest te schoeien, want hij weigert de geschiedenis in de belabberde staat te laten waarin generaties stoethaspels, losbollen en monsters haar hebben achtergelaten. Gelukkig heeft hij nooit toegang gehad tot de teletijdmachine, ik durf me niet voor te stellen hoe we eraan toe zouden zijn als hij de geschiedenis van het mensdom een nieuw aanschijn had gegeven, met de gedrevenheid van een beginnende loodgieter die voor zijn eerste opdracht het buizenstelsel van een wolkenkrabber probeert te vervangen. Mijn moeder praat over een zieke buurman, een brief van haar zus, het slechte onderhoud van de trappen, de luie, onverzorgde conciërge, wiens misselijkmakende geur in de hal hangt. O ja! Die buis in de badkamer! Nu we het toch over de loodgieter hebben, heb je hem dan gebeld? Mijn vader kijkt op van zijn boek, antwoordt vriendelijk, alsof hij aandachtig aan het luisteren was, maar is er met zijn hoofd niet bij. Ik concentreer me op mijn lepel. Het gaat me allemaal niet aan. Wat heb ik met hun zorgen te maken? Noem je dat een gezin?

Terwijl mijn vader leest en ik op Radio Luxembourg naar *Quitte ou double* luister, stoft mijn moeder, veegt de kruimels bijeen, zet de vele dingen waar de salon vol mee staat terug op hun plaats. Ze leest graag, maar op voorwaarde dat het appartement er onberispelijk bij ligt. Als haar man er is, poetst ze. Volgens haar zus Nunia was Kuka toen ze uit de kraamkliniek was ontslagen nog niet goed en wel in het appartement of ze stopte haar de zuigeling toe en begon het stof af te nemen dat zich tijdens haar afwezigheid had opgehoopt.

Het liefst klopte ze de vloerkleden uit. Ze droeg de kleedjes een voor een naar het balkon en ging ertegenaan met een tennisracketvormige strooien klopper, die zo oud en afstands leek dat ik haar ervan verdenk hem nog uit Vilnius te hebben meegebracht.

De klopper echoot na in mijn hoofd. Terwijl mijn moeder erop los mepte, keken mijn vader en ik zwijgend toe, zonder dat we het durfden op te nemen voor de arme slachtoffers die over het balkon lagen. Ik weet niet wie of wat haar voor ogen stond als ze onze schamele matjes ervanlangs gaf, maar ik kan getuigen dat ze de kwaliteiten bezat om het tot een voortreffelijke beul te schoppen.

De tafel in de eetkamer waar we elkaar twee keer per dag zagen, was enorm groot. Er was met gemak plaats voor tien disgenoten. Waarom hebben mijn ouders zo'n kolossaal meubelstuk gekocht? Droomden ze ervan me met een sliert broers en zussen op te schepen? Of maakten ze zich op om, nu ze Frania hadden opgevist, ook de rest van de familie welkom te heten, Aba, Sara en Motek? Achteraf gezien heb ik de indruk dat hun schimmen rond de tafel dwaalden. Na mijn vaders dood bleef zijn stoel leeg. Maar zijn verdwenen familie schoof elke maaltijd mee aan. Geen wonder dat ik nooit een fraaie familiegeschiedenis op papier heb gekregen, met alle rancune, jaloezie, venijn, spanningen, dodelijke driften en gramschap die tot het genre behoren. Mijn personages zijn altijd eenzaten, hun familie speelt nauwelijks een rol in het verhaal of in welk voorval dan ook. Welke romancier mijdt nou familiegeschiedenissen?

Nu ik me na al die tijd eindelijk in de geheimen van mijn familie verdiep, is de verleiding groot er iets van te maken wat naar fictie neigt: een leven zonder geschiedenis een beetje op te smukken, voort te borduren op de paar losse flarden die een al te schaars licht werpen op mijn grootmoeder en mijn tante, de gestolen herinneringen in een romanintrige te vlechten. Mijn vaders lange treinreis van Warschau naar Luik had ik als een epos kunnen beschrijven, in de trant van *La Prose du Transsibérien et de la petite Jehanne de France* van Blaise Cendrars, ik had zijn eerste liefdes aan de universiteit of in de bars van de Luikse volkswijk Le Carré een exotische, louche setting kunnen geven zoals die zwervende auteur doet, ik had me door Simenon kunnen laten inspireren om voelbaar te maken hoe de spanning tussen hem en zijn twee zussen te snijden was, opgesloten als ze gedrieën zaten in hun Brusselse appartementje, terwijl ze niemand kenden, amper de taal van hun buren spraken, in een stad die door extreemrechts werd geteisterd. Misschien dachten ze er wel aan naar Polen terug te keren, tot die ene dag waarop de knappe Rebecca binnenviel en het driespan uit elkaar vloog. Wat een mooie materie om in te poken! Eindelijk een geschikte mal voor een oeuvre! Alweer een gemiste kans! Toen ik de souvenirs van mijn familie onderzocht, kon ik het niet over mijn hart krijgen die familie te verraden, er materiaal van te maken waarover ik zelf de baas zou zijn geweest. Maar is die zogenaamde trouw geen manier om mijn familieleven en mezelf niet te willen doorlichten, het fileermes weg te schuiven dat eindelijk klaarlag om toe te slaan, kortom, een manier om er op het kritieke moment stilletjes tussenuit te knijpen?

Anders gezegd, maak je literatuur met een gelukkige familie? Met het levensverhaal van een jongetje dat verwend wordt door liefhebbende ouders die blij verbaasd zijn dat ze de bezetting hebben overleefd, een jongetje dat met volle teugen proeft van de gouden tijd van een vruchtbare en vreedzame samenleving? Toch is dat in een notendop het portret van mijn jeugd. Het ogenschijnlijke portret. Het echte portret lag diep in kartonnen dozen te slapen, waar mijn moeder het buiten mijn weten had begraven. Het uiterst persoonlijke portret van de schimmen op de stoelen rond de grote tafel in de eetkamer, die ik weigerde te groeten terwijl ik mijn bouillonsoep naar binnen werkte. Zonder dat ik begreep dat juist hun aanwezigheid verklaarde waarom mijn vader en mijn moeder zwegen over hun verleden en hun familie.

Cappuccino

Als ik de balans zou opmaken van wat mijn ouders me hebben meegegeven, zou ik in het rood noteren dat ze me nooit hebben geleerd hoe ik een stopcontact of zekering of lamp moet vervangen. Mijn moeder heeft me niet één keer in haar plaats de vloerkleden laten uitkloppen. Nooit een vinger laten uitsteken naar haar stofzuiger – het kwam zelfs niet bij me op. Pas toen ik bij mijn ouders weg was, durfde ik, behoedzaam, in de buurt van het fornuis te komen om een omelet of een biefstuk te bakken. Zeker niets ingewikkelders – vooral geen recept uit mijn moeders kookboek.

Ook mijn grootvader, officieel eigenaar van Merceria galanteria Bernbaum, liet de banale besognes aan zijn echtgenote over en zat achter in de donkere, stoffige studiezaal van de synagoge van Maków met zijn neus in de Bijbelcommentaren. Iets van Aba's mentaliteit moet zich in mijn genen hebben vastgezet.

Met rood potlood doorgestreept: Polen en Litouwen, twee witte vlekken op mijn geheugenkaart. De bedoeling was weliswaar loffelijk (blauw potlood): ik moest voorwaarts kijken, mijn blik gericht op een steeds schitterender toekomst.

Mijn moeder heeft me evenmin een jas of jurk leren naaien (terwijl ze me alle benodigdheden heeft nagelaten, krijt, driehoek, schaar, Singernaaimachine etc.) Ook de toverrecepten van mijn vader, wonderpillen tegen elke kwaal, antirimpelcrème voor een eeuwige jeugd, zijn allemaal verdwenen op het moment dat hij de geest gaf. Met de inhoud van hun fotoalbum, dat bijna leeg was.

De man van een nicht van mijn grootmoeder, die in Israël woonde, vertelde ooit tegen mijn neef (kunt u het nog volgen?) dat mijn vader in de straten van Warschau door antisemitisch geboefte in elkaar was geslagen. Als dat klopt, is mijn vader daar stilzwijgend aan voorbijgegaan, of liever, heeft hij gewild dat ik er niets van wist.

Weer rood. Mijn ouders hebben me niet leren scrabbelen. Zelfs geen canasta leren spelen, terwijl ze elke zaterdag zo vrolijk leken als ze met hun vrienden rond de tafel zaten om een kaartje te leggen en de wereld te verbeteren (correctie: mijn vader verbeterde de wereld en zijn vrienden dronken van zijn alcohol en peuzelden mijn moeders gebak op).

Blauw potlood weer. Dankzij mijn moeder houd ik van Italië en cappuccino. Ik moet ongeveer tien zijn geweest. Aangezien de apotheek nooit dichtging, zelfs niet in de zomermaanden, trokken mijn moeder en ik er getweeën opuit naar de Adriatische Zee. De trein deed er ongeveer twintig uur over voordat een boemel ons in Riccione afleverde – na stops in Cervia, Cesenatico, Bellaria-Igea Marina, Viserba, Rimini, Bellariva en Miramare. Brussel-Milaan was een nachttrein zonder couchettes. Bij het ochtendkrieken streken we neer in het immense kathedraalstation, doodop, met zwaar hoofd en plakkerige mond, nadat we de nacht met zijn achten in een snikheet compartiment hadden doorgebracht, waar we op en over elkaar hadden gedut. Een paar uur later was alles vergeten: zon, zee en pingpong. En 's avonds werd op een magische plek een onbekende wereld voor me ontsloten: de openluchtfilm. Met bonzend hart glipte ik vlak na aanvang van de vertoning samen met een paar jongens uit de wijk tussen twee stukken schutting door naar binnen. Elke ochtend holde ik – toen al plichtsbewust – naar een houten plakkaat bij de ingang, vlak bij de kassa, om een blik te werpen op de affiche met het avondprogramma, die me keer op keer met stomheid sloeg. *Questa sera* stond er altijd aangekondigd. Speelden ze dan elke avond dezelfde film: *Questa sera*? Werd het bioscoopprogramma nooit een keer gewijzigd? Toch ging ik erheen. Zwartkijker spelen was nog veel leuker, spannender en avontuurlijker dan de filmvertoning zelf.

Af en toe ging mijn moeder 's avonds laat dansen recht tegenover het hotel. Uit ons kamerraam probeerde ik tevergeefs de geheimen van de openluchtdiscotheek te ontdekken. Ik ving slechts een glimp op van de dansvloer, die deels achter grote bomen schuilging en in een verblindend neonlicht baadde. Soms traden een paar 'internationale' sterren op, zoals Fabiolo, de broer van koningin Fabiola – de schande van de familie, zo werd gefluisterd. Met zijn echte naam don Jaime de Mora y Aragón. Dat hadden de koningin der Belgen en ik dan toch met elkaar gemeen: een ernstig probleem met onze immigrantenachternaam.

Na de siësta, die mijn moeder en ik beiden naakt in bed doorbrachten, gingen we in een café aan het eind van de pier een cappuccino drinken, het fijnste moment van de dag.

Als ik mijn enthousiasme met mijn vader probeerde te delen, trok hij een grimas. Hij had liever gezien dat ik zoals hij de jonge staat Israël in mijn hart droeg, met zijn kibboetsen, zijn pioniers, zijn ideaal van een egalitaire samenleving. Hij deed niets liever dan samen met mij prentenboeken doorbladeren waarin knappe vrouwelijke soldaten te zien waren met in de ene hand een schop en in de andere een geweer. Ik weet niet of die beelden mijn seksualiteit hebben beïnvloed, maar als tiener, toen, was ik er in ieder geval erg van onder de indruk. Ik herinner me een gedicht dat ik had neergekrabbeld als hulde aan een soldate van wie het mooie blonde haar was bespat met het bloed van een vijand die zich op haar had gestort.

'Waarom een blondine?' vroeg mijn moeder, praktisch als ze was. 'Als je in Israël een blondine zoekt, vraag je volgens mij om teleurstellingen...' Ik kende ten minste één blondine in Israël, mijn grootmoeder Frania, maar ik zweeg.

Mijn moeder is met mij nooit naar Israël gereisd (ik denk niet dat ze daar één keer is geweest). Italië had veruit haar voorkeur. Ze troonde me mee naar alle historische plekken, bij voorkeur onder de verzengende julizon: Rome, Ravenna, Venetië en zelfs de piepkleine republiek San Marino, hoog op zijn rots, een zegen voor jonge filatelisten als ik. Mijn moeder heeft me leren houden van cappuccino en pasta, maar niet van één specialiteit uit Vilnius of Tel Aviv...

Vanwaar die passie voor Italië, onze jaarlijkse vakantiebestemming? Verlangde ze naar de zonnige mediterrane stranden? Dat kan niet alles verklaren. Mijn ouders waren verbitterd over de Duitsers, de Polen, de Letten, nooit zouden ze nog een voet in die drie landen zetten, maar moest dat bij uitbreiding ook niet gelden voor Mussolini's vaderland? En hadden de voorvaderen der Italianen niet de Tempel van Jeruzalem vernield en ons volk twintig eeuwen lang allerwegen verspreid? Met haar praktische instelling vond mijn moeder waarschijnlijk dat de feiten waren verjaard. En dat je altijd voorwaarts moest kijken, niet achterom. Mijn vader had haar eveneens het verhaal van Lots vrouw voorgelezen. Een goed geheugen is prima, maar cappuccino nog beter. Veel beter en veel nuttiger om te overleven.

Matroesjka's

Kijk naar Kuka en haar telg, beiden een beetje doezelig achter een cappuccino boordevol melkschuim met chocoladesnippers, uitgezakt op een caféterrasje met uitzicht over de Adriatische Zee, het fijne zandstrand onder een zilverwitte zon: wat zien ze er gelukkig uit!

En dat zijn ze waarschijnlijk ook, zelfs al hangt de verre schaduw van Chaïm over hen heen. Hij staat in zijn apotheek en kijkt alleen van zijn werk op om de bontgekleurde ansichtkaarten te lezen die we hem dagelijks toesturen.

Er is nog een schaduwzijde aan het mooie plaatje: de stilte tussen moeder en zoon. Ze babbelen wel, maar praten niet.

Zoals op hun ansichtkaartjes naar Brussel: 'Zonnige groeten uit Riccione!', of: 'Een droomvakantie', of: 'Plage, nage et *babelage*' (zee, zand en zwans). Die ene keer dat zoonlief een speciale inspanning doet, aarzelt hij tussen '*babillage*' (het correct gespelde Franse woord voor gebabbel), of het Brusselse, vervlaamste equivalent – zó goed is hij ingeburgerd. Hij babbelt met zijn moeder over alles wat onbelangrijk is. Het weer, het middagmenu, de glimp die hij te zien kreeg van een felrode sportkar op de weg langs de zee. 's Nachts zijn de zaken eenvoudiger. Dan ligt hij alleen in zijn bed, in het bonte neonschijnsel van de disco, bij de klanken van het mambo-orkest, terwijl zijn moeder staat te dansen, en denkt hij aan alles wat hij haar zou moeten vragen. Bijvoorbeeld: 'Waarom zouden hufters per se altijd Polen zijn? In België moeten er toch ook behoorlijk wat van rondlopen?' 'Denk na, Alain. Heb je je ooit afgevraagd hoeveel Polen hier bij ons in België zijn komen werken?' antwoordt Chaïms stemmetje in het hoofd van de jongen, die ten langen leste in slaap valt. 's Morgens, als hij tegenover zijn frisse, fleurige, glimlachende moeder zit, is alles weg, de vragen, de twijfels.

Of we nu in Riccione of in Brussel waren, de dialoog met mijn moeder bleef tot haar dood oppervlakkig. Nietszeggend overdag, vol stille vragen 's nachts. Pas tien jaar nadat ze begraven was, heb ik eindelijk het woord tot haar gericht.

Is dat in alle families zo, of alleen in families van goochelaars, waar geheimhouding regel is?

Terwijl ik een voor een mijn moeders dozen leegmaak – die alleen mijn vaders schatten bevatten – moet ik aan een set matroesjka's denken. Telkens als ik een document ontdek, zit er een ander document achter, en weer een, maar uiteindelijk blijft er een onsplitsbare atoomkern over.

Waar is die verdomde waarheid waar ik al maanden zo hard naar zoek? Wat is dat voor een geheime goede God die mijn vader met mijn moeders medeplichtigheid heeft proberen weg te stoppen? Welke mysterieuze, gevaarlijke personages, welke verontrustende krachten heeft hij voor me willen verbergen, zodat ik er mijn vleugels niet aan kon branden?

Nu er geen andere puzzelstukjes meer zijn dan wat ik bij elkaar heb kunnen brengen, heb ik de indruk dat ik weer op het beginpunt ben beland.

Laatste droom

De laatste keer dat ik van mijn vader heb gedroomd, overlapte mijn droom de werkelijkheid. Terwijl ik naar mijn kantoor reed, werd ik plotseling zo onwel dat ik de auto aan de kant moest zetten om bij mijn positieven te komen. In plaats van kalm te worden voelde ik me nog slechter. De schim van mijn vader waarde rond, niet zo heel ver van mij, alsof hij zich uit alle macht aan de auto probeerde vast te klampen. Zijn grote antracietgrijze ogen staarden me strak aan en probeerden me in mijn ontreddering een boodschap duidelijk te maken die ik niet kon ontcijferen. Hij zei iets wat ik maar niet begreep. Zijn aanwezigheid in de auto werd steeds sterker voelbaar. Ik had de indruk dat hij met een kleine moeite elk moment in levenden lijve naast me kon komen zitten.

De scène leek me op dat ogenblik niet eens zo absurd. Ik, die er prat op ging de rationeelste van het gezin te zijn en die als vurige aanhanger van het verlichtingsdenken schoon schip had gemaakt met de zolders van de joodse mystiek, juist ik twijfelde geen seconde aan de zeepbelvormige aanwezigheid van mijn vader en aan de ernst van de situatie. Ik voelde vaag dat er iets tragisch, iets onherroepelijks aan het gebeuren was. Iets zo ernstigs dat ik dringend hulp moest bieden. Ik startte de wagen weer en nauwelijks op mijn kantoor rende ik naar de telefoon. Mijn moeder was me voor. Nog voor ik haar nummer had kunnen draaien, belde ze me op. Mijn vader was net met de ambulance naar het ziekenhuis gebracht.

17 januari 1979. Mijn vader stierf op het ogenblik dat ik in de wachtkamer kwam waar mijn moeder zat. Maar het duurde meer dan dertig jaar voordat het onderzoek naar zijn overlijden van start ging. Toch lagen alle dossierstukken geduldig op me te wachten in de oude kast die overal met ons mee verhuisde en vlak voor mijn kamerdeur stond. En zeggen dat de stemmen van de getuigen zich binnen gehoorsafstand bevonden! Maar ik had niet naar hen willen luisteren. Zoals ook mijn vader en mijn moeder er geen prijs op stelden herinneringen wakker te roepen die zulke diep begraven wonden konden openrijten.

De magiër heeft zijn nummer feilloos tot een goed einde gebracht. Petje af! Hij heeft zijn vaderland even vlotjes weggemof-
feld als destijds de vrouw die languit in zijn trukendoos lag en
heeft met een eenvoudig tikje van zijn toverstaf de zoon van een
Oost-Europese immigrant in een rasechte Brusselaar veranderd.
Hij heeft zijn zoon elke herinnering bespaard die hem in verwarring had kunnen brengen: zijn grootvader, zijn tante, zijn oom, allemaal foetsie; en met hen het dorp waar hij geboren had kunnen
zijn, de winkel waar hij met ogen als schoteltjes zou hebben rond-
geslenterd tussen de paarlemoeren knoopjes en de sierkleedjes;
de toegang geblokkeerd tot de talen die hem hadden kunnen
doen huilen, de klanken van weemoed, het verdwenen volk.
Abracadabra!

Ondanks zijn duivelse handigheid was de magiër ook maar
een mens. De zoon krabde het bovenste laagje af, tilde een stukje
gordijn op, zocht achter de coulissen en in de souffleursputten, en
vond min of meer ongehavende stukken terug van wat de goochelaar voor de ogen van het publiek in een glitterwolk had weggetoverd.

Waarom jezelf vragen stellen? Waar is het goed voor het gordijn te willen optillen? Om de stem van Frania, Aba, Sara en hun
hele wereldje, Lilit, Esther, Masza, Jafa, Fela, David hoorbaar te
maken.

En als de zoon nu eens tegelijk de sleutel had gevonden van
het raadsel waar hij al meer dan tweehonderd pagina's naar op
zoek is? Als de vader nu eens niét dood was, evenmin als de rest
van de familie? Als hij er gewoon vandoor was, met dank aan een
van zijn goocheltoeren, en ergens in een kast met dubbele bodem
lag te slapen? Als gewoon maar de plank hoefde te worden weg-
geschoven om meneer Optimist met een schalkse knipoog weer
ten tonele te laten verschijnen?

Laten we een laatste keer de kaarten op tafel leggen. Veel har-
ten, een paar gebarsten ruiten, een klavertjevier, vandaar al zijn
mazzel. Nog steeds geen spoor van schoppenaas. Wie heeft Chaïms
dood op zijn kerfstok? De dozen zijn leeg. Ik heb de brieven bekeken en laten vertalen, documenten en archieven bestudeerd, de
zeldzame foto's onder de loep gehouden, onderzoek gedaan naar

de complexe persoonlijkheden die zijn pad hebben gekruist en soms zijn leven een nieuwe wending hebben gegeven: Catzaf en Tomas, oom Harry en Kuifje, Esther en Sara, Maurice en de goochelaar van Verviers, agent Porcin en burgemeester Joseph Van de Meulebroeck en iedereen die in het voorbijgaan een verdwaalde kogel van hem kreeg. Kan zelfs de allerbeste mens een leven lang nooit iemand kwetsen?

Ik heb ook geprobeerd een lijst te maken van wat er in zijn koffers zat. Wat heeft hij vanaf zijn vertrek uit Maków altijd in zijn bagage gestopt, uit Polen naar België, uit Luik naar Brussel, uit zijn woning naar zijn vele schuilplaatsen tijdens de oorlog en daarna naar de Bolwerklaan, wat vergat hij nooit mee te nemen als hij weer eens op reis moest, zelfs als hij in allerijl zijn koffers moest pakken? Wat heeft hij uit elke wereld die hij achter zich liet, bewaard en wat verloren? Zijn de laatste, de kostbaarste overblijfselen uit zijn leven in Polen soms verdwenen in het station van Boulogne? Dat zou misschien verklaren waarom ik er geen enkel spoor van vond.

Zijn de dozen leeg? Is het verhaal afgelopen? Niet helemaal. Er is nog een flesje, half gevuld met nogal troebel water, dat onder de papieren terecht was gekomen.

Minnebron

In het Josaphatpark, waar Frania met mij uit wandelen ging, is een verborgen plekje waar we altijd wat langer bleven. De minnebron. Wat bronwater opwellend uit een mooie cirkelvormige, door de stroom gladgepolijste blauwe steen waaruit een klein beekje ontsprong, dat een paar honderd meter verderop aan het eind van een aarden paadje verdween in de schaduw van geweldige kastanjebomen. In een mooi kinderboek had ik de overtuiging opgedaan dat de minnebron miraculeuze eigenschappen bezat. Ik maakte me sterk dat ik mijn vader versteld kon doen staan door de patiënten bij wie zijn crèmes en pilletjes niets uithaalden te genezen met mijn toverwater.

Mijn grootmoeder was al even gefascineerd door de minnebron als ik. Net als ik bleef ze er lang naar staren zonder een woord te zeggen. Afgaand op de schittering in haar blauwe ogen stelde ik me voor dat ze overweldigende beelden voor zich zag, waar ik het raden naar had.

In mijn herinnering projecteer ik op haar waarschijnlijk een deel van mijn eigen verrukte verbazing. Als ik beter naar haar had gekeken, had ik beseft wat ze écht zag in dat kolkende water. Haar oud geworden gelaatstrekken, haar witte, naar achteren gekamde haar, strak als het touwwerk van een boot: ongetwijfeld besefte ze dat de tijd onverbiddelijk voorbijsnelde, dat haar man, haar kinderen, haar neven dood waren – beelden die, pas vergeeld, al ver weg lagen.

Op een dag kwam ik opgewonden thuis, zwaaiend met het flesje dat ik met de hulp van mijn grootmoeder had gevuld bij de bron. In plaats van mijn dapperheid toe te juichen snoerde mijn moeder me de mond. 'Gooi dat weg, Alain!' schreeuwde ze met een afschuwelijke grimas. 'Dat water zit vol viezigheid, insecten en bacteriën!'

Van de weeromstuit klemde ik mijn trofee tegen mijn kinderborst. Wat bezielde haar? Wilde ze het monopolie van mijn vader als grote genezer veiligstellen? Omdat ze aandrong, goot ik het flesje ten slotte voor haar ogen uit in de wasbak van de badkamer. Toch wist ik een paar druppels van het goedje te bewaren in een flesje dat ik in de apotheekkast verstopte. Dat flesje heb ik zojuist op de bodem van de laatste archiefdoos teruggevonden. Ongelofelijk. Het laatste getuigenis van mijn jeugd. Als ik me concentreer, vind ik daarin misschien de beeltenis terug die met geen fototoestel is vastgelegd: het beeld van Frania en haar kleinzoon die, wang tegen wang, met wijd open ogen naar hun spiegelbeeld staren in de minnebron. Ik schud het flesje, schroef de dop eraf, neem een slok, niet zonder enige vrees, want ik herinner me de paniekerige waarschuwingen van mijn moeder. Op slag besef ik dat ik de plank missloeg toen ik Frania melancholische gedachten toedichtte. Ze liet zich niet overmannen door wanhoop of spijt als ze naar de bron keek. Dat lag ook niet in haar aard. Was zij niet de onverwoestbare mama van meneer Optimist? Had zij niet meermaals de Styx overgestoken en elke overtocht overleefd? Aan mij dacht ze bij het staren naar de woeste baren die uit de aarde opwelden. Aan mij, die zestig jaar later het flesje dat ik met haar hulp had gevuld, zou terugvinden om eindelijk van de magische nectar te proeven. De intuïtie die een Frans wetenschapper ooit had, klopt: water heeft een geheugen. Een geheugen waardoor alle gebeurtenissen die met dat water in aanraking kwamen, zelfs de meest tragische, wonderbaarlijk worden.

Woord van dank

Het is niet gebruikelijk mensen te bedanken die ons niet meer kunnen horen. Toch kan ik moeilijk stilzwijgend voorbijgaan aan de mensen die me deze verhalen hebben toegefluisterd en me bij de hand hebben gehouden, Frania Lewartowska en haar Aba, Rebecca Bieniakonska (Kuka) en haar Chaïm/Hubert/Henri, en zijn zussen, Sara en Esther. En hun vrienden, met name Maurice S.

Tevens hecht ik eraan een erkentelijke groet te brengen aan Krystyna Legezynska, Hanna Zaleski en Akvile Grigoraviciute, die ervoor hebben gezorgd dat hun woorden in het Frans konden worden weergegeven, en aan Pascale Falek en Martine Goldberg (gemeentebestuur van Schaarbeek), die me de nodige documentatie hebben gegeven om kennis te nemen van de administratieve dossiers van mijn 'schimmen'.

Dank ook aan alle anderen die me hebben geholpen, te talrijk om op te noemen.

Mijn dank gaat ook uit naar Fanny en Nick Rodwell, die me ruimhartig hun toestemming gaven voor de reproductie van de afbeeldingen uit de albums van Kuifje. En aan Christian Lutz (Le Cri édition), die erin toestemde dat ik twee teksten uit mijn bundel *Le Maître du savon* gebruikte.

Dit boek is ook een hommage aan mijn tante Nunia, die van Vilnius naar Toronto verhuisde. Ik denk hierbij ook aan haar dochter Elaine en haar kleindochter, Stefanie.

Aan mijn dierbare neef Marc, aan Stéphane en aan Benjamin.

Aan Danielle, die me ertoe heeft aangezet dit verhaal te schrijven.

Last but not least is dit relaas opgedragen aan Myriam en Stanley, voor wie dit boek bestemd is en zonder wie het niet zou hebben bestaan.

Noten

1

Maxime Steinberg en José Gotovitch, *Otages de la Terreur nazie. Le groupe du Bulgare Angheloff et son groupe de partisans juifs 1940-43*, VUPpress, Brussel, 2007.

2

Beignets gevuld met jam.

3

Ongetwijfeld een operette, een genre dat de specialiteit werd van de Oostenrijkse filmindustrie sinds *Liebelei* van Max Ophüls in het begin van de jaren dertig.

4

Kolonel Adam Koc richtte in 1937 de extreem-rechtse nationalistische partij OZN op, die fel antisemitisch gekleurd was en veel succes had (een jaar na de oprichting telde de partij honderdduizend leden). Koc verklaarde: 'Totdat de Joden zijn geëmigreerd, moeten zij in eerste instantie van al hun burgerrechten worden beroofd en moeten hun goederen in beslag worden genomen.' Koc overleefde de aanslag waarnaar in de brief wordt verwezen; hij is in 1969 vredig gestorven in New York en ligt begraven in Oxford...

5

Ze'ev Jabotinsky was de leider van zionistisch rechts (waarvan Begin de erfgenaam zou worden), een aanhanger van terroristische acties tegen de Britse bezetter, maar een verbeten tegenstander van zowel David Ben-Gurion als de linkse zionisten.

6

Bedoeld wordt het kamp Stutthof.

Deze vertaling kwam tot stand met een projectbeurs van
het Vlaams Fonds voor de Letteren.

Oorspronkelijke titel:
Monsieur Optimiste
© 2013 by Genèse Édition
© 2014 De Bezige Bij Antwerpen
en Katrien Vandenberghe

De Bezige Bij Antwerpen
Nassaustraat 37-41, B-2000 Antwerpen
info@debezigebijantwerpen.be

Vertegenwoordiging in Nederland
Uitgeverij De Bezige Bij
Van Miereveldstraat 1, NL-1071 DW Amsterdam
www.debezigebij.nl

Vertaling:
Katrien Vandenberghe

Boekverzorging:
Dooreman
Omslagbeeld:
Randall Casaer
Zetwerk:
Karakters, Gent
Foto auteur:
Genèse Édition

ISBN 978 90 8542 615 8
NUR 302
D/2014/0034/830

Voor nieuws en informatie over onze auteurs en boeken:

www.debezigebijantwerpen.be
www.facebook.com/debezigebijantwerpen
www.twitter.com/dbbantwerpen